KB231993

따뜻한 자신감 회복의 에너지

회복

따뜻한 자신감 회복의 에너지

회복

김경수 지음

베드로서원

프롤로그

아름다운 회복을 위하여

사람은 누구나 마음의 장애, 생각의 장애를 가지고 살고 있다. 그 중에서도 육체적인 장애를 가진 사람보다 마음의 장애를 가진 사람들이 더 많다. 육체적인 장애는 겉으로 나타나지만, 마음의 장애는 내재되어 있기 때문에 뒤틀린 감정으로 드러난다. 마음의 장애를 가지고 있는 사람은 대부분 자신의 상처 때문에 모든 가능성을 잠재우고 변명과 핑계로 사물을 바라보기 시작한다.

마음이 비틀어진 운전사가 자신의 인생을 좌지우지한다. 학문적으로 이런 운전사를 병든 자아상, 낮은 자존감을 가진 사람이라고 부른다. 누구든지 이런 자아상을 가지고 있으면 정상적인 생활을 할 수 없다. 그 이유는 상한 감정을 가지고 살고 있기 때문이다.

상한 감정이란 정확히 말하면, '상처 난 감정' 이라는 뜻이다. 사람의 내면을 지, 정, 의, 세 부분으로 본다면, 상처를 받는 부분은 '감정' 이다. 왜냐하면 마음은 정적인 부분에서 가장 쉽게 다칠 수 있는 예민한 부분이기 때문이다. 대부분의 상처는 주로 어린 시절과 성장하는 과정에서 받은 상처가 많다. 누구든지 이러한 상처를 받으면 내면의 평강을 잃어버린다.

그리고 상처가 있는 사람에게 가장 심각한 문제는 관계의 장애이다. 관계의 장애가 있으면 사람과 사람 사이에 장애가 나타나며 결국 하나님과의 관계로 이어져서 상한 감정이 회복되기 어렵게 된다. 그러므로 상한 감정을 치유 받고 하나님의 형상을 회복해야 한다.

베드로는 성질이 급한 사람이다. 예수님의 수제자임에도 불구하고 많이 넘어졌던 사람이다. 그런데 부활의 주님이 베드로에게 찾아와서 과거의 실수나 잘못에 대한 언급 없이 용서하시고 사명을 주셨다. 이것이 회복의 능력이다.

상한 마음이 회복되기 위해서 해야 할 일이 있다.

첫째, 나에게 상처를 준 사람을 마음에서 놓아주어야 한다. 그 상처를 내 마음에 붙들고 있으면 더 이상 내적 치유와 회복은 불가능하기 때문이다.

둘째, 나에게 상처를 준 사람들을 용서해야 한다. 내 자신이

다른 사람을 용서하지 않고 그들이 용서를 구할 때까지 기다리면 마음이 상하여 마음의 병이 심해지기 때문이다.

셋째, 나의 행복을 찾기 위해서 무한한 행복의 날개를 펴야 한다. 상처 난 마음을 가지고 있으면 행복은 찾아오지 않는다. 그래서 내 자신의 행복을 위해서 자기 자신에게 이렇게 물어야 한다.

"나는 매우 중요한 사람이다."

"나는 가장 아름다운 사람이다."

이런 긍정적인 건강한 자아상을 가지고 먼저 자신과 관계회복을 통해서 하나님과의 관계 회복, 이웃과의 관계회복이 이루어지기를 바란다.

C · O · N · T · E · N · T · S

상한 감정의 회복

그가 찔림은 우리의 허물 때문이요 그가 상함은 우리의 죄악 때문이라
그가 징계를 받으므로 우리는 평화를 누리고 그가 채찍에 맞으므로
우리는 나음을 입받았도다(사 53:5)

미국 보스톤 근교에서 목회하는 해롤드 쿠쉬너라는 목사가 있다. 그는 천성적으로 선하고 착하며, 500여 명이 모이는 성도들을 목회하면서 이웃들에게 존경받는 목사였다. 그런데 어느 날 가정에 고통이 밀어닥치기 시작했다. 그의 맏아들 아론이 중병에 시달려 병원에 가서 진단을 받았는데, 진단 결과 프로제리아(현재까지는 세 종류의 병이 '조기노화 증후군'으로 알려져 있지만 그 중에 '프로제리아'〈허친슨 · 길포드 증후군〉라는 병에 걸린 환자는 평균 수명이 겨우 12세이다)라는 병이었다. 프로제리아(조기노화 증후군)라는 병은 희귀병이다. 그 병은 어린아이가 성장하지 않고 빨리 늙어 가는 병이다. 이 병으로 아론은 난지 3개월밖에 되지 않았

지만 아이가 빨리 늙어서 10살밖에 살지 못한다는 진단 결과가 나왔다.

사랑하는 아들이 빨리 늙어 가는 병에 걸리자 해롤드 쿠쉬너 목사는 성도들의 주변을 바라보기 시작했다. 그동안 행복하게 보이던 교인들의 가정을 자세히 들여다보기 시작했다. 교인들의 가정이 겉으로는 행복하게 보이지만 각 가정마다 온갖 시련과 고통이 있다는 것을 깨달으며 하나님께 질문을 하게 되었다.

"하나님, 악한 사람보다 왜 선한 사람이 고통을 겪어야 합니까?"

그 후 그는《왜 선한 사람에게 고통스런 일이 생기는가?》라는 책을 출간하게 되었다.

우리는 악한 사람에게 고통스런 일이 찾아오는 것은 이해를 할 수 있다. 그런데 선한 사람에게, 그것도 믿음으로 살고, 주님의 뜻대로 사는 사람들에게 어려움과 아픔이 찾아오는 것은 보기조차 힘들다. 우리는 그때 하박국 선지자처럼 "하나님! 어찌하여 그 사람에게 그런 일이 일어나야만 합니까?"라고 질문을 하게 된다. 그런데 그 뜻을 우리는 모른다.

어느 교회의 장로님 아들이 있었다. 그는 신앙 좋은 부모에게 태어나서 어린 시절부터 교회생활을 열심히 했다. 그러나 군에 갔다 온 이후로 신앙이 시들해지더니 알코올중독이 되었다. 결혼을 하고도 술을 끊지 못했다. 그는 여러 차례 음주 운전을 하다가 적발되어서 많은 고생을 했지만 여전히 깨닫지 못하고 있었다.

그러던 어느 날 술집에서 자기를 데리러 오라고 부인에게 전화를 했다. 아내는 밤늦게 남편의 전화를 받고 가다가 교통사고를 당하여 얼굴이 흉측할 정도로 부상을 입었다. 교통사고를 당했다는 소식을 듣고 갔을 때 그 부인이 했던 말을 지금도 생생하게 기억하고 있다.

"목사님! 술은 제 남편이 마셨는데 왜 제가 매를 맞아야 합니까? 그 사람이 매를 맞아야 깨닫기라도 할 것 아닙니까?"

우리 주변에 이런 일들이 얼마나 많은지 모른다. 죄는 자식이 지었는데 고통은 부모들이 당해야 하는 가정이 있다. 매를 맞아야 할 사람은 따로 있는데, 대신 매를 맞아서 고통당하는 사람들을 볼 때마다 고통의 의미가 무엇인가를 생각해 보지 않을 수 없다.

해롤드 쿠쉬너 목사는 이런 문제를 가지고 성경을 묵상하다가 이사야 선지자의 말씀이 해답이 되었다.

"그가 찔림은 우리의 허물 때문이요 그가 상함은 우리의 죄악 때문이요 그가 징계를 받으므로 우리는 평화를 누리고 그가 채찍에 맞으므로 우리는 나음을 받았도다" (그 몸에 채찍을 맞으므로 우리를 성하게 해주었고 그 몸에 상처를 입으므로 우리의 병을 고쳐주셨도다)

예수님은 의로우시고 인자하시고 죄가 없으신 분이시다. 그런데 그분이 우리를 대신해서 질고를 지고 슬픔을 당해야만 했다. 예수님의 고난은 바로 우리를 위한 고난이었던 것이다. 죄는 우리가 지었지만 질고는 우리 주님이 담당하시고 채찍으로 맞아서 그 몸이 상해야 했다.

이 말씀을 묵상하던 헨리 나우웬은 "예수님은 누구신가? 상처 입은 치료자이시다"라는 것을 알게 되었다. 하나님은 모든 질병을 치료하신다.

예수님은 "세상에서 환난을 당하나 담대하라. 내가 세상을 이기었노라"고 하셨다. 우리가 세상에서 환난을 당할 때 치유하는 주님을 바라보아야 한다. 주님은 우리의 전능자시요 치료자이시다. 우리가 어려움과 고통 속에 있을 때 주님을 바라보면 치료의 역사가 나타난다.

그러면 예수님은 어떻게 상처를 치유하시는가?

상한 감정을 치유하는 방법들

1. 내면의 고립에서 오는 상처를 치유하시고 회복하신다.

사람들은 이 땅에 살면서 많은 상처를 안고 살고 있다. 사람마다 가슴 한 구석에는 모두 다 상처투성이다.

부모를 통해서 많은 상처를 받은 사람도 있다. 언뜻 보면 자식이 부모에게 무슨 상처를 받았느냐고 말할 수 있다. 그런데 우리 주변을 보면 배다른 부모 사이에서 태어나 일평생 상처받고 사는 사람이 많다. 계모를 통해서, 계부를 통해서, 편견을 통해서 받은 상처가 많다. 그래서 "계" 자만 나오면 고개를 돌리는 사람도 있다.

심리학자들에 의하면 사람이 상처받는 요소는 4가지라고 말한다.

- 소외감 _ 사람들이 공동체에서 고립되어서 소외당하는 것이 큰 상처이다. 이때 나타나는 것이 소외감이다. 말 못하고 고립되어서 외로움을 느낀다. 이것은 가족과 친구, 또래 집단, 소속 공동체(학교, 직장, 회사, 교회)에서 심하게 많이 나타난다.
- 이 별 _ 사랑하는 사람의 죽음은 상처 중에 상처이다. 우리가 쉽게 죽음을 말하지만 죽음은 우리의 모든 것을 무너뜨린다. 환경을 변화시키고 새로운 질서를 만들어 버린다. 가정의 질서를 깨뜨리고 새로운 질서가 자리 잡을 때까지 한 사람의 죽음은 고통으로 다가오게 한다. 이것이 이별의 고통이다.
- 고립감 _ 병상을 가서 보면 고독하게 혼자 신음하고 있는 환우들을 보게 된다. 누군가 곁에서 간호하고 위로하고 기도해 주지만 결국은 자기와의 싸움이다. 병원에 가서 엘리베이터를 탈 때 보면 수많은 사람이 병문안을 다녀가지만 결국 위로하고 환자만 남기고 떠나간다. 그래서 질병은 자신과의 싸움 속에서 고립감을 만든다.
- 고독감 _ 병든 사람은 이렇게 말한다. "병이 두려운 것이 아니라 혼자 놓여 있다는 것이 두렵고 고독하다." 또

한 사람은 혼자라는 것 때문에 우울증이 생기고, 고독하다. 예수님은 골고다에서 십자가에 달려 돌아가실 때 소외되고 고독했다. 그렇지만 예수님은 하나님의 뜻을 따라서 십자가를 지시고 죽으시고 부활하셔서 승리하셨다. 죄악을 알지 못하시는 예수님은 고통을 겪으면서도 속죄의 어린양이 되셨다.

히브리서에 보면 "그는 육체에 계실 때에 자기를 죽음에서 능히 구원하실 이에게 심한 통곡과 눈물로 간구와 소원을 올렸다"(5:7)고 말씀하고 있다. 예수님도 십자가를 지시기 전 고통스러웠지만 그 고통 속에서 승리하셨다. 그러므로 주를 바라보아야 한다. 주님이 우리의 위로자이시기 때문이다.

"괴로울 때 주님의 얼굴 보라 평화의 주님 바라보아라
세상에서 시달린 친구들아 위로의 주님 바라보아라
눈을 들어 주를 보라 네 모든 염려 주께 맡겨라
슬플 때에 주님의 얼굴 보라 사랑의 주님 안식 주리라"

2. 치유 받은 다음 위로하며 살아야 회복된다.

위로자가 되기 위해서는 그 환경에 들어가 보아야 더 큰 위로를 할 수 있다. 사람들은 누구든지 위로자를 찾으며 위로 받기를 원한다. 그 만큼 상한 마음이 크기 때문이다.

우리 모두는 상처받은 사람들이기 때문에 위로하고 격려하면서 살아야 한다. 그런데 마귀는 우리를 위로하지 않고 분열시킨다. 갈등의 요소를 준다. 어려움을 준다. 계속 고집을 부리게 한다. 계속 자기 길로 가게 한다. 그러다 계속 가려는 관성의 법칙 때문에 영원히 돌아오지 못한다. 힘들어도 계속 가려는 관성의 법칙을 끊어 버려야 한다. 그래야 자기의 본래 자리로 돌아올 수 있다.

더루라스 파킨스의 글 가운데 〈마귀의 8복〉이라는 게 있다. 예수님은 산 위에 올라가서 제자들에게 말씀을 선포하시면서 "심령이 가난한 자는 복이 있나니 천국이 그들의 것이요, 그들이 위로를 받을 것이요, 애통하는 자는 복이 있다"라고 말씀하셨지만, 마귀의 8복은 예수님의 8복과 정반대이다.

첫째, 피곤하고 바쁘다는 핑계로 교회에 나가지 않는 자는 복이 있나니 그들은 나의 가장 믿을 만한 일꾼이요.

둘째, 목사의 흉이나 과오를 보고 트집 잡는 자는 복이 있나니 그들은 설교를 들어도 은혜를 받지 못할 것임이요.

셋째, 자기 교회이면서도 나오라고 사정사정해야만 교회에 나오는 자는 복이 있나니 그들은 교회 안에서 말썽꾸러기가 될 것임이요.

넷째, 남의 말하기를 좋아하는 자는 복이 있나니 그들은 내가 가장 좋아하는 다툼과 분쟁을 일으킬 것임이요.

다섯째, 걸핏하면 삐죽거리는 자는 복이 있나니 그들은 작은 일에도 화를 내고 교회를 곧 그만 둘 것임이요.

여섯째, 하나님의 일에 인색하여 헌금하지 않는 자는 복이 있나니 그들은 나의 일을 가장 잘 돕는 자일 것임이요.

일곱째, 하나님을 사랑한다 하면서도 자기의 형제와 이웃을 미워하는 자는 복이 있나니 그들은 나의 영원한 친구가 될 것임이요.

여덟째, 성경 읽고 기도할 시간이 없는 자는 복이 있나니 그들은 나의 꾀임에 쉽게 넘어가 마침내 나의 조롱거리가 될 것임이니라.

마귀는 위로하지 않고 분열시키는 상처를 준다. 그렇지만 예수님은 고난과 수난 속에서도 우리를 위로하셨다. 그 위로가 낙심한 자들에게 용기와 소망을 준다.

"너희의 하나님이 이르시되 너희는 위로하라 내 백성을 위로하라" (사 40:1)

"그러므로 이러한 말로 서로 위로하라" (살전 4:18)

헬렌 켈러는 삼중고의 고통 속에서도 예수님을 만난 이후에 그의 삶은 행복한 삶이었다. "자기의 행복은 자기만족을 통해서 얻어지는 것이 아니라 가치 있는 목적에 충실할 때 얻어지는 것이다"라고 말했다.

히브리서 4장 15절에 "우리에게 있는 대제사장은 우리의 연약함을 동정하지 못하실 이가 아니요"라는 말씀이 있다. 여기서 동정한다는 의미는 우리의 약함을 안다는 이야기이다. 주님은 우리의 연약함을 아신다. 연약함의 뜻은 모든 실패, 모든 부족,

모든 상처를 다 포함한 단어이다. 주님은 우리가 상처받을 때에 위로해 주시고 정금 같은 존재로 만들어 주신다. 내 자신이 정금이 되기 위해서는 위로 받는 자리에서 위로하는 자리로 나가야 한다. 상처를 주는 자리에서 상한 마음을 치유하는 자리에 서야 한다. 그리고 언제나 격려와 칭찬을 통해서 소망의 삶을 살아야 한다.

3. 내적 치유를 통하여 소망의 자리에 있어야 한다.

병원에서 수술한 자국은 지워지지 않는다. 마찬가지로 상처도 지워지지 않는다. 우리가 지워지지 않는 상처를 가지고 한평생을 산다는 것은 너무 힘들고 어렵다. 그렇지만 깁스가 뼈를 고정시키고 상처를 바로 잡는 것처럼, 내적 치유가 우리를 건강하게 만드는 것이다.

내면의 상한 감정을 통해서 부정적인 자아상이 회복되기 위해서는 낮은 자존감을 예수님의 보혈의 능력으로 치유 받고 소망의 삶을 살아야 한다. 소망은 언제나 우리에게 가능성과 할 수 있다는 꿈을 심어준다. 그 꿈이 무지개의 화려함처럼 자신을 다시 아름답게 회복시켜 주기 때문이다. 그래서 회복을 원하는 사람은 하나님께서 치료하시는 분임을 믿고 그분에게 나가서 엎드려 자신의 문제를 내놓고 엎드릴 때, 사랑의 하나님은 우리에게 용서와 치유와 회복을 허락하신다. 분명히 잊지 말 것은 하나님은 치료자라는 사실이다.

"나는 너희를 치료하는 여호와임이라" (출 15:26)

"내 이름을 경외하는 너희에게는 공의로운 해가 떠올라서 치료하는 광선을 비추리니" (말 4:2)

지금도 예수 그리스도는 만병의 의사이시기 때문에 우리의 상처를 치유하여 주신다. 예수님은 모든 상처를 내놓을 때, 우리의 질병을 고쳐 주신다.

복음성가에 '누군가 널 위해 기도하네' 라는 찬양이 있다.

"당신이 지쳐서 기도할 수 없고 눈물이 빗물처럼
흘러내릴 때 주님은 아시네, 당신의 약함을 사랑으로
돌봐주시네. 누군가가 널 위하여 누군가 기도하네.
내가 홀로 외로워서 마음이 무너질 때
누군가가 널 위해 기도하네."

우리가 질병으로 고생할 때 기도의 후원자들이 필요하다.

어떤 사람들은 상처가 너무 크기 때문에 가끔 이렇게 말한다.

"사람은 몰라요."

그때 우리는 이렇게 말한다.

"맞습니다. 우리는 당신의 그 깊은 아픔을 모릅니다. 하지만 예수님은 당신을 아십니다. 그리고 당신의 상처를 치유해 주십니다."

헨리 나우웬이 쓴 《상처받은 치료자》에 이런 내용이 나온다. 랍비 여호수아 렌 레비라는 사람이 시멘트 벤 요하이 동굴 옆에서 사는 예언자 엘리야를 찾아가서 이렇게 묻는다.

"예언자여! 언제 메시야가 오십니까?"

그때 엘리야가 대답한다.

"가서 그분에게 물어보게."

"그분은 지금 어디에 계십니까?"

"성문에 앉아 계신다네."

"그런데 그분을 어떻게 알 수 있습니까?"

"그분은 상처투성이의 환자들 가운데서 지금도 자신의 상처의 붕대를 풀었다가 또 다시 감고 계신다네."

"왜! 그런 일을 반복하십니까?"

"상처받은 자를 치료하기 위해서 자기의 상처가 있음에도 불구하고 자신의 붕대를 풀어서 우리를 치료해 주신다네."

예수님은 우리의 상처를 치유해 주신다. 예수님은 우리를 위해서 골고다에서 상처를 받으셨다. 그럼에도 불구하고 우리의 상처를 치유하시면서 이렇게 말씀하신다.

"나는 너를 치료하는 하나님이시다."

상한 감정의 회복

첫째, 진리에 깊은 관심을 가져야 회복이 된다.

예수님은 사람들이 진리에 대하여 무관심한 것을 경계하셨다. 피리를 불어도 춤추지 않았고 애곡하여도 울지 않는 모습은 진리의 부름에 무관심한 것을 비유한다. 세례 요한이 와서 회개하고 천국을 준비하라고 외쳤으나 사람들은 무관심했다. 무관심은 상한 마음을 더 힘들게 한다. 그래서 마음이 상할 때마다 진리의 영이신 예수님께 나가야 한다.

마틴 루터는 1517년 비텐베르크 성당 문에 95개 조항의 논제를 공시함으로 종교개혁을 시작하였다. 그는 진리를 위하여 일어났다. 권위에 대하여 아무도 입을 열지 못할 때, 그 권위를 거스르면 죽을 수도 있는 위협적인 상황에서 용감히 일어났다. 그리고 위협이 그에게 엄습해 올 때에 그는 이렇게 외쳤다.

"이 마을의 모든 기왓장이 나를 거스를지라도 나는 진실을 추구하겠다."

세상의 안일을 버리고, 세상의 즐거움을 멀리하고 진리를 위해 살아야 상한 마음이 회복된다.

둘째, 긍정적인 사고를 해야 회복된다.

세상에는 부정적인 사고를 하는 사람이 많이 있다. 그들의 눈에는 안 좋은 것만 보인다. 모든 것에는 긍정적인 차원과 부정적인 차원이 있다. 그런데 부정적인 것만 본다면 이는 불행한 사람이다. 이왕이면 긍정적인 면을 보는 사람이 되어야 한다. 긍정적인 면을 보는 사람은 계속 성장하고, 부정적인 면을 보는 사람은 성장할 수 없다.

유대인들은 자녀교육을 할 때 큰 꿈을 가르치며 다윗과 골리앗의 이야기를 가르친다. 거기서 이스라엘 사람들은 "골리앗이 너무 커서 칠 수 없다고 생각하였으나(too big ti kill), 다윗은 골리앗이 매우 커서 돌팔매가 빗나갈 수 없다" 고 생각했다는 것이다

(too big to miss). 보는 눈이 달라져야 한다. 긍정적인 사고를 할 때 마음의 가치를 새롭게 할 수 있기 때문이다. 신앙인은 긍정적인 사고를 해야 한다. 무엇이든 밝은 면과 어두운 면이 있다. 좋은 점과 나쁜 점이 있다. 우리는 밝은 면을 보아야 만사가 행복해 지는 것이다.

자기훈련

《감성지능》이란 책을 쓴 대니얼 골먼은 이렇게 말했다.

"감성이란 전염성이 있다. 만일 누군가가 화를 풀지 못한 채 회의장에 들어왔다면 그 사람의 감정이 회의장에 있는 사람에게 급속하게 전파된다."

가정에서도 마찬가지다. 유머 감각이 있는 사람이 방에 들어오면 방안의 모든 사람을 웃게 만들 것이다. 자기훈련이 되지 않아 자신을 잘 통제하지 못하는 사람은 다른 사람을 관리하는 데도 문제가 있다. 자기훈련이 잘된 사람은 흥분상태에 있는 사람을 통제시킨다. 그러나 자기훈련이 되어 있지 않은 사람은 상대에게 상처를 준다. 사람에게는 '육신의 생각' 과 '영의 생각' 이 함께 존재한다. 육신의 생각은 사망이요, 영의 생각은 생명이다. 그러므로 나를 훈련시키는 연습을 통해 균형과 조화를 찾아야 한다.

분노의 회복

분을 내어도 죄를 짓지 말며 해가 지도록 분을 품지 말고
마귀로 틈을 타지 못하게 하라(엡 4:26~27)

사람들이 가장 많이 범하는 죄가 있다면 분노라고 말할 수 있다. 이 땅에 사는 모든 사람은 감정의 동물이기 때문에 기쁘면 웃고, 슬프면 울고, 또 마음에 맞지 않으면 불평하면서 살아간다. 그렇다고 모든 사람이 건강하지 않다는 이야기가 아니다. 살아있기에 분노가 있는 것이다. 건강하기 때문에 기쁠 때 웃을 수 있는 것이다. 만약 기쁠 때도 웃지 않는다면 무엇인가 문제가 있는 사람이다. 남들이 울 때 같이 우는 사람은 건강한 사람이다. 희로애락은 인간이 가지고 있는 정상적인 감정의 표현이기 때문이다.

우리가 불의한 일이나 억울한 일을 볼 때 의협심이 생긴다든지, 정의감이 타오를 때 분노하는 것은 그 동기가 선한 것이다. 그러나 자기 이기심에서 생겨난 분노는 비정상적인 것이다.

어느 주일날 목사님이 분노에 대해서 설교를 했다. 예배가 끝난 후 한 여성도가 목사님에게 다가와서 자기 고민을 상담했다.

"저는 성질이 급합니다. 어떤 때는 작은 일에도 가끔 분노를 폭발하지만 뒤끝은 없습니다. 금방 풀어집니다. 마음에 두지 않습니다. 일 분도 안 걸려서 그 사람하고 그 자리에서 다 툭툭 털어 버리고 화해하고 끝납니다."

목사님은 그 부인의 눈을 들여다보면서 "분노도 엽총 같습니다. 한방이면 끝나지요. 오래 안 걸립니다. 그러나 한방단 쏘아도 그 결과는 엄청납니다. 다 박살나고 맙니다. 이처럼 분노는 터지고 나면 주워 담을 수 없습니다"라고 말했다고 한다.

분노의 폭발은 사람에게 큰 상처를 준다. 그래서 누구든지 내 안에 어떤 일로 분노가 일어날 때 하나님께 도움을 청해야 한다. "하나님, 못 참겠습니다. 속히 저를 도와주십시오." 그 순간 성령께서 분노를 잠재우시든지, 아니면 분노를 발산하게 하실 것이다.

오래 전 강원도 삼척의 비포장 도로 중턱에서 끔찍한 사건이 있었다. 신혼여행을 떠났던 부부가 차량 안에서 총탄에 맞아서 피투성이가 된 채 죽은 사건이었다. 이 사건은 한동안 미궁에 빠지는 것처럼 보였다. 그런데 두 용의자가 수원에서 체포됨으로써 사건의 전모가 드러났다.

이 사건은 매우 우발적인 분노의 사건이었다. 어느 날 두 사람이 시간을 내서 엽총을 들고 사냥을 떠났다. 소형차를 몰고 가는데 신혼부부의 중형차가 추월하여 먼지를 일으키고 가자 이들은 화가 났다.

신혼부부의 차를 추월했고 또 신혼부부 차도 사냥 떠난 차를 추월했다. 이러다 극도로 화가 난 사냥꾼들이 가지고 있던 엽총으로 신혼부부의 자동차를 향해서 난사를 했다. 그때 자동차가 멈추고 숨이 끊어지지 않은 신부가 살려달라고 애원했지만 잔인하게 총을 쏴서 죽였다. 이처럼 분노는 멀리 있는 게 아니라 한순간의 우발적인 사건으로 일어난다.

중세시대 기독교에서는 일곱 가지 죄악을 큰 죄로 생각해 왔다. 그 이유는 두 가지 의미가 있었기 때문이다. 첫째는 일곱이라는 숫자는 완전 숫자이므로 일곱 가지 죄악이 인간이 범하는 모든 죄를 대표한다고 생각했기 때문이다. 둘째는 한 주간이 7일인데 경건을 추구하는 사람들은 매일 한 가지씩 경건의 삶을 실천해 오는 과정에서 일곱 가지 죄(교만, 질투, 분노, 탐심, 탐식, 게으름, 정욕)를 크게 생각했기 때문이다.

그러면 분노의 종류에 대해서 살펴보자.

분노의 종류

1. 개인의 분노

한 개인이 가지는 분노는 불쾌감, 짜증, 분개, 격분, 격노, 광분 등이 있다. 이것은 개인의 욕구 충족이 되지 않을 때 분노가 생긴다. 내 뜻대로 안 될 때 오는 개인의 감정에 미치는 단순한 감정이다. 많은 사람이 개인의 감정 때문에 분노하게 된다.

2. 가족관계에서 오는 분노

부모에게 사랑 받지 못하고 성장한 사람은 가족관계에서 오는 분노가 많다. 편모, 편부 속에서 자란 사람은 대부분, 가족에 대한 분노가 많다. 또 부당한 대우를 받으면서 성장한 사람들은 부모를 향한 분노가 많다. 그런가 하면 배우자에게 사랑 받지 못할 때 느끼는 분노가 있고, 자녀들로부터 푸대접을 받을 때 느끼는 분노가 있고, 자식들에게 무시당할 때 느끼는 분노도 있다.

3. 환경적으로 오는 분노

어떤 문제로 손해를 보거나 차별대우를 받을 때, 억울한 일을 당하였을 때 끓어오르는 분노가 있다. 자기를 업신여길 때 분노가 터진다. 대부분 환경적인 분노는 지역감정, 학력 차별, 출신 성분 등에서 오는 분노이다. 환경적인 분노가 일어나면 집단 데모가 일어나기도 한다.

4. 사회적 배경 속에서 오는 분노

한 개인이 한 집단에서 평등하지 못하다고 느끼는 분노가 사회적인 분노이다. 사회적 분노는 대부분 국민들이 집단행동을 함으로써 데모를 통하여 쿠데타를 일으키고 한 공동체를 개혁

하려고 할 때 분노가 표출한다. 이런 사회적인 분노 때문에 분신 자살을 하기도 하고 다툼을 일으키기도 한다.

어느 곳이든지 분노가 있는 곳에는 평화가 없다. 오직 시기와 질투만 있을 뿐이다. 바울 사도는 에베소교회 성도들에게 편지하면서 "분을 내어도 죄를 짓지 말며 해가 지도록 분을 품지 말고 마귀에게 틈을 주지 말라"고 하였다.

여기서 분노에 대해서 두 가지를 구분한다. 분을 내어도 첫째는 죄를 짓지 말라는 것이다. 그 이유는 분노로 인간의 감정이 극한 경우에는 살인까지 할 수 있기 때문이다. 그래서 분노가 일어날 때마다 조심해야 한다. 그동안 섭섭했던 것, 무시당했던 것, 억울했던 것을 생각하면 조절이 안 될 때 가장 조심해야 할 것은 말조심이다. 그래서 바울 사도는 이렇게 말한다. "무릇 더러운 말은 너희 입밖에도 내지 말고 오직 덕을 세우는 데 소용되는 대로 선한 말을 하여 듣는 자들에게 은혜를 끼치게 하라"(엡 4:29).

잠언의 저자는 이렇게 말한다.

"유순한 대답은 분노를 쉬게 하여도 과격한 말은 노를 격동하느니라"(잠 15:1)

"의인의 마음은 대답할 말을 깊이 생각하여도 악인의 입은 악을 쏟느니라"(잠 15:28)

분노 그 자체가 죄가 되진 않지만 감정을 다스리지 못해서 죄를 범한다. 내가 가진 분노로 인해서 많은 사람에게 상처를 주고 근심을 주고 폭발하게 되면 죄가 된다. 하지만 절제된 마음으로 무조건 꾹 참는다면 그것 또한 자신을 파괴하며 해치는 죄가 된다. 성경은 분노를 의분과 개인의 혈기로 나누고 있다.

1. 모세의 분노(혈기)

모세는 이스라엘 백성들이 광야에서 하나님을 원망할 때 분노했다. 하나님을 의심하면서 베풀어주신 은혜를 감사하지 못할 때 분노했다. 하나님의 영광을 드러내야 할 사람들이 드러내지 않고 원망했기 때문에 분노했던 것이다. 이것이 의로운 분노이다. 그러나 르비딤에서 원망하는 백성들 때문에 낸 혈기는 자기 자신을 죽이는 분노였다. 자기 욕심이 하나님의 의를 앞질렀기 때문에 가나안 땅에 들어가지 못하게 되었다.

2. 다윗의 분노(분노를 기도로 잠재움)

시편 7편에 보면 다윗이 사울에게 쫓겨날 때 구시라는 사람에게 중상모략을 당하게 된다. 그때 다윗은 억울한 일을 당하면서도 성급한 분노를 드러내지 않았으며, 자기를 억울하게 한 베냐민 사람에게도 분노를 쏟아내지 않았다. 도리어 자신이 억울할 때 끝까지 참고 하나님께 나와서 기도로 문제를 해결하였다.

3. 예수님의 분노(의분)

예수님이 예루살렘 성전에 올라가셨을 때 온통 장사꾼들로 난장판이 되어 있었다. 이것을 본 예수님은 화가 치밀어서 채찍을 가지고 성전에서 장사하는 사람들을 다 내쫓으셨다. 이때의 분노는 거룩한 분노, 의분이다. 기도하는 집을 장사의 터전으로 삼았기 때문이다. 목적을 하나님께 둔 것이 아니라 자기들의 돈벌이로 생각했기 때문이다. 하나님의 성전은 기도와 예배가 살아있는 곳이 되어야 하는데, 그렇지 못하고 돈 바꾸는 환전상과 짐승을 파는 사람들로 가득 찼기 때문이다. 예수님의 분노는 자신을 위한 분노가 아니다. 하나님의 성전을 더럽히고 자기 목적을 이루는 사람들 때문에 분노하셨던 것이다.

레오 메도우는 《분노의 극복》이라는 책에서 "분노를 건설적으로 사용하면 신체와 정신에 힘을 줄 수 있다"고 하였다. 많은 사람이 분노는 모두 나쁘다고 생각하고 있다. 그러나 우리는 그리스도인으로서 의로운 분노를 품을 수 있어야 한다.

예수님도 여러 번 의로운 분노를 발하신 것을 볼 수 있다. 그러나 의로운 분노를 품을 때는 마음에 미움과 악의와 원한이 있어서는 안 된다. 또한 이기적인 동기에서 유발된 것이어도 안 되며, 적절하게 감정이 통제된 상태에서 분노를 품어야 한다.

우리도 하나님의 이름이 욕되고 하나님의 영광이 가리게 되는 현장에 있을 때 예수님처럼 거룩한 분노를 가져야 한다. 나를 위해서가 아니라 하나님 나라를 위해서 거룩한 분노를 가져야 한다.

그러면 어떻게 해야 내 안에서 일어나는 분노를 잘 다스릴 수 있는가를 생각해 보자.

분노를 다스리는 방법

1. 사소한 일에 목숨을 걸지 말아야 한다.

알랭(Alain)이라는 사람은 《행복 어록》이란 책에서 사람이 일상생활에서 가장 조심해야 할 것은 사소한 감정을 잘 다루는 데 있다고 했다. 사람들이 큰 불행에 대해서는 빨리 체념한다. 그러나 기분 나쁜 일에 대해서는 감정을 억제하지 못하고, 사소한 일에 감정을 다스리지 못한다. 별것 아닌 말, 신경 안 써도 되는 말, 그것에 연연해서 분노를 한다. 그래서 우리는 작은 일에 목숨을 걸지 말아야 한다. 우리를 화나게 하는 것들은 사소한 것들이기 때문에 지나치게 반응하면 분노하게 된다.

2. 혀를 억제해야 한다.

야고보서 3장 8절에 "혀는 능히 길들일 사람이 없나니 쉬지 아니하는 악이요 죽이는 독이 가득한 것이라" 라고 하였다. 여기서 내뱉는 말 속에 남을 무시하는 말, 비방하는 말, 독설이 문제이다. 만약 우리가 분노할 때에 할 수만 있으면 말을 적게 해야 한다. 혀를 잘 관리해야 자신과의 싸움에서 승리할 수 있기 때문이다. 내가 감당할 수 있는 말만 할 수 있도록 혀를 잘 관리해야 한다.

3. 말을 할 때 정직해야 한다.

사람이 속이는 거짓된 말을 할 때 분노가 생긴다. 에베소서 4

장 25절에 "그런즉 거짓을 버리고 각각 그 이웃과 더불어 참된 것을 말하라 이는 우리가 서로 지체가 됨이라"고 하였다. 이처럼 말 속에는 사랑과 덕망이 있어야 한다. 베드로가 예수님이 십자가를 지신다고 할 때 만류했다. 그때 예수님은 베드로를 향해서 "사탄아 내 뒤로 물러 가라 너는 나를 넘어지게 하는 자로다"라고 책망을 하셨다. 진실이 아닌 말을 했기 때문에 책망을 받았던 것이다.

4. 분노가 가져올 상처와 손해를 생각해 보아야 한다.

분노는 마음과 육신을 피곤케 하고 곧 후회를 가져온다. 분노하고 후회하지 않는 사람이 없다. 그러므로 분노할 때 상처를 주는 말은 삼가해야 한다.

레오 메도우는 《분노의 극복》이라는 책에서 미국의 문화를 가리켜 "분노하는 문화"라고 지적했다. 미국인들은 분노를 너무 쉽게 선택하기 때문에 그것이 미국의 비극이라고 했다. 미국인들은 분노를 쉽게 해결하기 위해서 사용하는 방법이 총을 쏘는 것이다. 그래서 매년 자기의 분노를 처리하지 못해서 총기 사고로 죽는 사람이 적어도 2만 명 이상이나 된다고 한다. 이처럼 누구든지 분노하면 치명적인 상처를 입히게 되는 것이다. 그러므로 분노할 때 분노가 가져올 상처를 먼저 생각해야 한다.

5. 분노를 해가 질 때까지 품지 말아야 한다.

분노 자체는 사탄의 요소가 아니지만 잘못된 분노는 사탄의 도구가 될 수 있다. "분을 내어도 죄를 짓지 말며 해가 지도록 분을 품지 말고 마귀에게 틈을 주지 말라"(엡 4:26~27). 이 원리를 알아야 분노를 그때그때 해결할 수 있다.

6. 분노를 통제할 줄 알아야 한다.

모세는 불평하고 원망하는 이스라엘 백성들 때문에 몹시 괴로워했다(민 20:11). 이 일로 모세는 하나님이 지시한 대로 반석에서 물을 낼 때 말로 하지 않고 혈기로 지팡이로 쳐서 물이 나오게 했다. 결국 모세는 반석에서 물을 나오게는 하였지만, 하나님께 불순종함으로 약속의 땅에 들어갈 수 없게 된 것이다(12절). 분노는 다이너마이트와 같은 폭발물이다. 누구든지 분노를 지혜와 절제로 다루지 못하면 사람들에게 큰 피해를 주게 된다.

그러면 어떻게 분노를 치유할 수 있는가?

분노의 치유

1. 서로 용서하면서 불의를 버리고 불쌍히 여겨야 한다.

주님께서 너희의 죄를 용서하심 같이 너희도 서로 용서하라고 말씀하였다. 비록 우리가 힘들고 어렵지만 우리에게 상처를 준 사람을 용서해야 한다.

유명한 성 프랜시스(St. Francis)가 길을 걸어가고 있었다. 한 여인이 물을 길어 물동이를 머리에 이고 가는데 물을 하나도 흘리지 않고 가는 것이었다. 이것을 보고 성 프랜시스가 물었다.

"어찌하여 물동이에서 물이 흘러내리지 않습니까?"

그녀가 말한다.

"물동이에 나뭇가지를 올렸기 때문입니다."

그때 성 프랜시스가 "우리 안에 분노의 물이 출렁일 때 십자가를 얹어야겠다"라고 말했다. 우리도 어떤 일을 보고 분노가 일어난다면 내 마음에 예수님의 십자가를 얹어야 한다. 그때 분노는 십자가의 능력으로 제거될 것이다.

2. 분노의 원인을 생각하고 절제를 해야 한다

분노의 감정이 일어날 때 내가 왜 화를 내야만 했는지 생각해야 한다. 또 '무엇이 나로 하여금 화나게 만들고 있는지? 이 분노는 타당한지? 내가 이 상황을 다르게 보고 바르게 생각할 수는 없는지?' 이런 질문을 마음에 던지면 분노를 적절히 통제할 수 있을 것이다. 절제는 성령의 은사 가운데 하나이다(갈 5:23). 인간의 힘으로 절제하기가 힘든 사람은 성령의 도우심으로 자기 자신의 연습과 훈련을 통해서 절제되기 때문이다.

3. 행동요법을 활용해야 한다.

화가 치밀고 조절이 불가능한 경우에는 응급 처치가 필요하다. 만약 화를 나게 만든 상황이 우리 감정을 다스리지 못하게 한다면 행동요법으로 분노를 절제해야 한다. 게슈탈트(Gestalt) 상담이론에 행동요법으로 마음속으로 하나에서 열까지 숫자를 세면서 깊은 호흡을 해보는 방법이다. 깊이 숨을 들이마시고 천천히 숨을 내뿜는 사이에 팔이나 다리에 힘을 빼고 근육을 당기고 10초 정도 있다가 확 풀어주면 근육 이완 운동과 함께 분노가 절제되고 생각의 변화가 생겨서 안정을 찾을 수 있다.

4. 고운 말씨를 연습해야 한다.

화가 날 때 어떻게 적절히 말을 할 수 있는지 평소에 연습할 필요가 있다. 특히 감정적인 사람들은 더욱 훈련이 필요하다. 상담에서는 분노를 자유롭게 말로 표현할 수 있도록 격려하거나 연습하게 하고, 또 분노를 표현하되 공격적이지 않고 상대방에게 상처를 주지 않으면서 자기를 표현할 수 있고 때로는 방어할 수 있는 연습을 하게 한다. 상담 시간에 상담자의 권유와 지도 아래 분노를 건설적으로 표출하는 것을 통해서 분노를 해소하는 데 많은 도움이 된다.

5. 입장을 바꾸어 생각해 보아야 한다.

분노를 일으키는 원인 가운데 하나는 생각이 왜곡된 것 때문에 일어나기도 한다. 그때 생각을 바꾸어 보면 의외로 우리 생활에 왜곡이 많다는 것을 알게 된다. 이때 우리에게 필요한 것은 생각을 바꾸는 것이다. 예를 들면, "저 직장 상사는 언제나 나만 야단쳐!" 이 말은 사실인가? 아닌가 생각해 보고, 만약 나를 인정해주기 위해서 야단을 치는 경우라면 내 생각을 바로잡는 것이 필요하다.

6. 가급적 분을 빨리 해결해야 한다.

"분을 내어도 죄를 짓지 말며 해가 지도록 분을 품지 말고"(엡 4:26). 이 말씀의 실천은 분노의 정도에 따라 쉬울 수도 있고 어려울 수도 있다. 그러나 가급적 이 원리에 순종하려는 결심이 필요하다. 왜냐하면 분노를 품고 사는 한, 자기 자신이 더욱 괴롭고 정서적 안정이 흔들리기 때문이다. 그러므로 우리는 분노를 잘 다스리고 대처할 때 영적으로나 정서적으로나 사회적으로 건강한 사람이 될 수 있다.

용서

미국 남북전쟁 시에 한 병사가 부대를 이탈했다가 잡혀서 군법회의에서 사형판결을 받게 되었다. 그 병사는 과부의 외아들이었다. 그 어머니가 너무 기가 막혀서 대통령의 특사를 받는 길밖에는 살 길이 없으므로 링컨 대통령을 찾아가서 호소하였다. 한 번만 용서해 주면 자기 아들을 책임지고 잘 인도하겠다고 애원하였다. 그 사정을 듣고는 링컨 대통령이 특사를 내렸다.

그 어머니가 너무 기뻐서 백악관을 나오면서 "다들 링컨 대통령이 아주 못생겼다고 하지만 막상 대통령을 만나보니 그토록 아름다운 미남은 처음 봤다."라고 했다고 한다. 사실 사진을 보면 링컨 대통령이 미남은 아니다. 그러나 용서하고 관용할 때 멋있는 미남자가 되었다. 서로 사랑하고 용서하는 사람이 멋있는 사람이다.

열등감의 회복

너는 그에게 말하고 그의 입에 할 말을 주라 내가 네 입과 그의 입에 함께 있어서 너희들이 행할 일을 가르치리라 그가 너를 대신하여 백성에게 말할 것이니 그는 네 입을 대신할 것이요 너는 그에게 하나님 같이 되리라(출 4:15~16)

오래 전 모 화장품 회사가 성형수술에 관한 설문 조사를 했는데, 많은 사람이 성형수술에 관해서 긍정적인 반응을 보였다. 16~24세의 여성중심으로 "당신은 성형수술을 원하는가?"라는 질문에 42%가 원한다고 응답했다. 그러면 "왜 성형수술을 원하는가?"라는 질문에는 예뻐지기 위해서가 응답 1위였다. 여성들에게 제일 큰 소망은 예뻐지는 것이다. "성형수술에 만족하는가"라는 물음에는 그렇게 만족한 사람은 별로 없었다. 이것이 사람들이 가지는 자기 자신에 대한 만족감이 없다는 증거이다.

미국에 맥스웰 멀쯔라는 성형외과 의사가 쓴 《새로운 미래를 소유한 얼굴》이라는 책이 있다. 이 책에는 성형수술을 받은 사람들이(얼굴) 고침 받고, 새로운 인생의 문이 열렸다는 개인의 경험을 기록해 놓았다. "얼굴이 달라지니까 마음이 달라지고, 생각이 달라지고, 인생관이 바뀌었다"는 것이다. 또 어떤 사람은 얼굴은 바꾸었는데도 만족하지 못하고, 습관성 성형수술을 자주하는 사람도 있다고 기록하고 있다.

사람은 누구나 두 개의 얼굴을 지니고 있다. 하나는 외형적인 얼굴이고, 다른 하나는 내면의 얼굴이다. 내면의 얼굴은 자기 생각의 자화상이다. 내적 자화상이 자기의 운명과 성격, 환경과 생활을 좌우한다. 대부분의 사람들은 자기 얼굴과 자기 성격을 싫어한다. 이것이 우리 자신을 열등감으로 이끌어 간다. 사람에게는 수많은 열등감이 있다. 학력의 열등감, 신체의 열등감에 빠져 있으면 매사에 자신이 없고 용기가 없다. 그래서 열등감은 내적으로 자기 자신을 학대하는 무서운 질병이다.

누구든지 열등감이 많으면 사람을 대할 때 편협해서 좋은 점을 못 보고 나쁜 점을 보면서 자기 방어를 많이 하게 된다. 열등감이 많은 사람은 별 이야기가 아닌데도 어떤 대화나 신체적, 정신적인 부분에 과민반응을 보이게 된다. 이렇게 열등감은 서로의 대화 속에서도 낮은 자존감 때문에 바른 자아상을 갖지 못하게 한다.

나이에 따른 화장법이 다르다는 유머가 있다. 10대가 화장하면 꽃단장, 20대가 화장하면 치장, 30대가 화장하면 화장, 40대가 화장하면 분장, 50대가 화장하면 변장, 60대가 화장하면 환장이란다. 결국 꽃단장이 환장까지 가는 것이다. 이 유머가 강조하는 것은 신체의 변화에 열등감을 가질 필요가 없다는 것이다.

위대한 하나님의 종 모세에게도 열등감이 있었다. 모세는 날 때부터 외모가 준수하고 용모가 뛰어난 사람이었지만 열등감을 가지고 있었다. 모세는 성장 배경이 훌륭했다. 그 당시에 최고의 교육을 궁중에서 받았다. 애굽의 보화를 소유한 부유한 사람이요, 바로의 아들이었다. 그러나 열등감을 가질 이유가 없음에도 불구하고 마음 한 구석에는 열등감이 자리 잡고 있었다.

모세가 하나님의 종으로 부름 받고 난 이후에도 열등감 때문에 하나님의 뜻을 거역하고 말았다. 하나님은 흑암에서 방황하는 이스라엘 백성들을 구원하기 위해서 모세에게 바로에게 가서 내 말을 전하라고 할 때, 모세는 이렇게 말한다. “내가 누구이기에 바로에게 가며 이스라엘의 자손을 애굽에서 인도하여 내리이까?”(출 3:11). 그는 하나님의 부름 앞에서 자기의 열등감 때문에 주의 일을 할 수 없다고 변명하였다.

“그들이 내 말을 듣지 아니하면 어찌합니까?”(출 4:1)

“나는 입이 뻣뻣하고 혀가 둔한 자니이다”(출 4:10)

“나는 말을 잘 하지 못합니다”(출 4:10)

“주여 보낼 만한 자를 보내소서”(출 4:13)

모세는 얼마든지 좋은 조건, 배경, 힘을 갖추었는데도 자신의 열등감으로 인해서 하나님의 일을 거역하고 못하겠다고 말한 것이다. 이처럼 열등감은 우리 생활에 나쁜 영향력을 준다.

열등감이 우리 내면에 무엇을 파괴시키는지 살펴보자.

삶을 파괴시키는 열등감

1. 열등감은 우리의 잠재력을 마비시킨다.

내가 할 수 있는 무한한 가능성과 능력을 모두 파괴시켜서 자신을 무력하게 만든다. 이렇게 열등감이 있으면 부정적인 마음을 가지고 살게 된다.

영국의 정신 의학자인 하드필드가 이러한 실험을 했다. 그가 밝힌 실험 결과는 대단히 흥미롭다. 그의 실험은 사람의 정신적 암시가 육체의 힘에 얼마나 영향을 주는가에 대한 것이었다. 3명의 남자에게 보통의 상태에서 힘껏 악력계를 쥐게 했을 때 그들의 평균 악력은 101파운드였는데, 그들에게 당신은 참으로 약하다는 암시를 준 후에 다시 재어보았더니 겨우 29파운드에 불과했다. 평상시 힘의 3분의 1 이하로 떨어진 것이다. 이번에는 당신은 강하다는 암시를 준 후에 재어보았더니 무려 142파운드에 달하는 결과가 나왔다고 한다. 이 실험은 '나는 강하다'는 암시가 있자, 그들의 체력이 소극적이고 부정적이었던 때보다 무려 5배나 증가했던 것이다. 이것은 열등감이 내 안에서 잠재해 있느냐 없느냐에 따라서 나타나는 결과라고 말할 수 있다.

2. 열등감은 우리의 꿈을 파괴시켜 버린다.

열등감은 희망을 꺾어버리고 비전을 상실하게 해서 자기 자신을 쓸모없는 나약한 존재로 만들어 버리는 힘이 있다.

미국의 백만장자 폴 마이어 박사가 하루는 사원들에게 종이를 나눠주고 소원을 쓰라고 했다. 사원들 중에는 진지하게 자기의 소원을 쓴 사람도 있었고, 어떤 사람은 "소원을 쓰면 누가 이루어 주느냐" 하면서 빈정대고 쓰지 아니한 사람도 있었다.

폴 마이어는 사원들 앞에서 당신들이 쓴 그 소원을 매일같이 읽어가면서 이 소원은 꼭 이루어진다고 믿으며 살라고 했다. 몇 년 후에 사원들이 성취된 간증을 했을 때 긍정적으로 소원을 쓴 사람은 소원대로 아름다운 집을 장만한 사람도 있고, 학위를 취득한 사람도 있었지만, 부정적인 생각으로 쓰지 않았던 사람들은 그 모습 그대로 머물러 있었다. 사람은 개인적으로도 꿈이 있어야 하고, 가정적으로도 꿈이 있어야 한다. 이 꿈은 개인의 욕심이 아닌 하나님의 뜻을 품은 소원이어야 한다.

3. 열등감은 대인관계를 해친다.

열등감은 매사에 자기 자신을 위축시켜서 사람들 앞에 나서지 못하게 만든다. 학력이 없다고 해서 언어를 부자유스럽게 만든다. 날씬하지 못하다고 해서 모임에 불참케 한다. 키가 작다고 느끼게 해서 열등의식에 빠지게 한다. 결국 열등감은 자신을 해쳐서 주의 일을 못하게 하고 하나님 나라의 상급 받는 일에서 멀어지게 한다.

이처럼 열등감은 병리적 현상으로서 사람을 내성적으로 만들고, 소극적인 사람이 되게 하고, 무기력하게 한다.

그러면 열등감의 원인은 무엇인가?

열등감의 원인

1. 가정이 준 열등감

열등감의 내적 원인은 가정이다. 성장하면서 못한다는 소리를 많이 들으며 자라난 아이들은 그 몸 안에서 낮은 자존감이 생긴다. 종종 부모들이 자식들을 타인과 비교하면서 "너는 누구 닮아서 못하느냐?"고 말한다. 그것도 가족 중에서 제일 나쁘게 말하던 사람을 예를 들면서 한다. 이 말은 자녀들에게 낮은 자존감을 심어주게 된다. 이런 열등감은 다른 사람이 주는 것이 아니라 부모가 만들고, 형제들이 만든다. 또 학교에서 선생님들이, 또한 직장에서 만들어 준다.

2. 스스로 만든 열등감

자기 스스로 만드는 열등감은 잘못된 사고와 언어와 생활 습관으로 만들어진 열등감이다. 즉 부정적인 생각, 꿈을 잃어버린 마음, 죄인의식, 타락의식들은 자기 스스로 만든 열등감이다. 이런 요소들은 자기 스스로에게 낮은 자존감을 주어서 매사에 자신을 힘들게 한다.

3. 비교의식이 준 열등감

사람의 본성은 열등의식이다. 자기 스스로 외모나 환경이나 학벌을 비교해서 우울하게 하고 원망할 때 열등감으로 병이 생긴다.

심리학자인 에릭슨은 사람이 열등감에 빠지면 스스로 소외감을 만들고 공포감, 분노, 전의 상실, 불안감, 창의력 상실, 질투, 원망, 자기 학대를 가지게 된다고 말했다. 이렇게 사람은 외적, 내적인 요인 때문에 열등감에 빠지면 하나님의 형상을 회복하기 어렵다.

그러면 우리가 가지고 있는 열등감을 치유할 수 있는 방법은 무엇인가?

열등감 치유의 방법

1. 창조의 가치를 인정해야 열등감을 극복할 수 있다.

하나님은 모세에게 "누가 네 입을 창조하였느냐"고 물으셨다. 창조하신 자를 기억하라는 것이다. 이처럼 열등감에 빠진 사람이 먼저 해야 할 일은 누가 나를 만들었는가를 생각하는 것이다. 그때 하나님이시라는 것을 알게 될 때 열등감을 극복할 수 있다.

신앙의 사람 모세는 말이 어둔하다고 생각했다. 타인이 볼 때 달변인데, 자기가 볼 때는 언제나 자신의 말이 어눌하다고 느낀 것이다.

이 세상에 어떤 사람도 완전하게 태어난 사람은 없다. 누구나 약점이 있다. 그렇지만 이것 때문에 자신을 비하시키면 열등감을 극복할 수 없다. 우리는 하나님을 바라보면서 나 자신을 비교의 존재로 바라보지 말고 가능성 있는 존재로 바라보아야 한다.

그럴 때 열등감을 극복하고 무한한 가능성을 가진 사람이 될 수 있다.

2. 하나님의 능력을 날마다 의지함으로 극복해야 한다.

사람에게는 누구에게나 약점이 있다. 그렇지만 하나님은 나와 함께 하신다는 사실을 잊지 말아야 한다. 모세가 말을 둔한다고 할 때 하나님은 할 말을 가르쳐 주셔서 쓰시는 분이시다. 그러므로 우리의 부족한 부분에 하나님이 함께 하시면 기적이 일어난다. 하나님이 우리 약점에 손을 대시면 열등감이 고침 받음으로 해결된다. "내가 그리스도를 위하여 약한 것들과 능욕과 궁핍과 박해와 곤고를 기뻐하노니 이는 내가 약할 그때에 강함이라"(고후 12:10). 내가 약한 때 하나님의 은혜가 강하게 임하게 되기 때문이다.

하나님은 우리가 가지고 있는 열등감을 극복하게 하시고 사용하신다. 얼굴이 못 생겨서 고민하는가? 웃는 얼굴이 되면 된다. 남들이 못 생겼다고 말해도 웃는 얼굴은 굉장히 매력이 있다. 좋은 옷이 없다면 친절하면 된다. 재능이 없어서 봉사를 못하면 기도하든지 헌금을 하면 된다. 내가 제일 잘하는 것을 하면 된다. 하나님이 우리와 함께 하시면 얼마든지 약점을 강점으로 바꾸어 놓을 수 있다.

열등감은 누구나 있다. 그러나 극복하면 된다. 키가 작으면 삭개오처럼 뽕나무에 올라가면 제일 키가 크게 된다. 말을 못하면 하나님이 우리 입술에 은혜를 주시면 된다. 건강이 없으면 하나님이 치유하셔서 건강의 은혜를 입으면 된다. 하나님은 모세에게 "내가 반드시 너와 함께 하리라" 고 말씀하셨다. 우리 안에서 열등감이 생길 때마다 하나님의 말씀을 붙잡고 늘 은혜 가운데 살면 강해지는 것이다.

3. 현재 있는 것으로 열등감을 극복해야 한다.

하나님은 모세에게 "너는 이 지팡이를 손에 잡고, 이것으로 이적을 행하라"(출 4:17)고 하셨다. 이 뜻은 "네가 말로 못하면 이 지팡이를 가지고 하라. 네가 말로 못한다면 네 지팡이가 있지 않느냐, 네 입이 둔한 것을 지팡이의 권능으로 대신하라" 는 것이다. 결국 모세는 입으로 부정하다가 입으로 하지 아니하고 주의 일을 지팡이로 하게 되었다. 반석에서 물을 낼 때도 입으로 하지 않고 지팡이로 행하였다. 그래서 모세는 지팡이의 능력으로 홍해를 건너게 되었고, 지팡이의 능력으로 반석을 깨뜨려서 물을 냈고, 수많은 기적을 베풀었다.

이제 우리는 내게 없는 것을 탓하지 말고 내게 있는 것을 통해서 열등감을 극복하고 최선을 다해서 일해야 한다.

4. 열등한 것을 통해서 하나님의 은혜로 극복해야 한다.

하나님의 능력은 내 장점보다 단점으로 더 잘 극복할 수 있다. 그래서 아무리 잘 생겼다 하더라도, 말에 대해 달변가라도 하나님을 보여줄 수 없고 하나님의 영광을 나타낼 수 없다.

모세가 열등감을 극복했을 때 하나님은 사명을 주셨다. "이제

가라 네 입에 할 말을 가르치리라 너는 이 지팡이를 손에 잡고 이것으로 이적을 행할지니라." 모세는 하나님의 말씀대로 애굽으로 돌아가서 지팡이를 손에 잡고 그 사명을 잘 감당했던 것이다.

송명희는 지체 장애우로서 살아가는 자매이지만 장애를 극복한 아름다운 시가 있다. 누구든지 이 시를 읽으면 '나도 참 가진 게 없구나' 라고 생각했다가도 가진 게 참 많은 사람이란 것을 깨닫게 된다.

나

나 가진 재물 없으나 나 남이 가진 지식 없으나
나 남에게 있는 건강 있지 않으나 나 남이 없는 것 있으니
나 가진 재물 없으나 나 남이 가진 지식 없으나
나 남에게 있는 건강 있지 않으나 나 남이 없는 것 있으니
나 남이 못 본 것을 보았고 나 남이 듣지 못한 음성 들었고
나 남이 받지 못한 사랑 받았고 나 남이 모르는 것 깨달았네
공평하신 하나님이 나 남이 가진 것 나 없지만
공평하신 하나님이 나 남이 없는 것 갖게 하셨네

하나님은 '공평하신 하나님'이시다. 하나님은 우리를 완벽하게 만들지 않으셨다. 하나가 뛰어나면 다른 하나는 약하게 만들어 놓으셨다. 하나가 있으면 다른 하나는 없게 만들어 놓으셨다.

그러므로 기죽을 필요 없다. 오히려 다른 사람에 대해서 쓸데없이 우월감을 느끼는 것은 분명히 교만으로 버려야 할 것이다.

우리의 마음을 성형수술 해주시는 분은 예수님이시다. 그러므로 누구든지 열등감이 있다면 마음의 의사 되신 예수님께 맡겨야 한다. 맡길 때 예수님이 열등감을 깨끗이 떨쳐 버리게 하시고 능력으로 함께하여 주실 것이다.

끝으로 열등감을 극복하기 위한 10가지 제안을 소개한다.

① 나는 한 개인으로서 이미 중요한 의미가 있음을 알라.

- 자신의 한 표가 대통령도 결정한다.

② 자기감정을 솔직히 고백할 수 있는 친구를 두라.

③ 자신의 결점을 숨기거나 변명하지 말고 그대로 인정하라.

④ 자신이 잘할 수 있는 일을 선택하고 배우라.

⑤ 뜻대로 안 될 때 감상에 빠지지 말라.

⑥ 감정을 통제하라.

⑦ 꾸준히 노력하라.

⑧ 모든 일을 확실히 준비하라.

⑨ 몸을 건강히 하라.

⑩ 실수를 실수로 끝내지 말고 역이용하라.

묵·상·의·글

칭찬으로 열등감을 극복하라

켄 블렌차드가 쓴 《칭찬은 고래도 춤추게 한다》라는 책이 있다. 이 책의 저술 동기는 휴가 때에 플로리다의 '시월드' 에서 고래 쇼를 보았다. 전혀 춤을 출 것 같지 않던 고래가 춤을 추는 것이다. 고래는 춤을 출 수 있는 구조로 생기지 않았다. 머리는 둥그렇고 앞 지느러미는 짧고 꼬리는 중심잡기도 힘들다. 그런데 고래가 춤을 춘다. 어떻게 고래가 춤을 추는지 조련사에게 물었다. 조련사는 칭찬이 고래를 춤추게 한다고 말했다. 원하는 행동을 하면 충분히 칭찬해주고 고등어 한 마리를 준다. 그것을 반복하면 고래도 춤을 춘다는 것이다.

블렌차드는 아주 쉽게 생각했다. 춤출 구조로 생기지 않은 고래가 춤출 수 있다면 인간을 춤추게 만드는 것은 아주 쉽다. 사람을 춤추게 만드는 것은 고래를 춤추게 만드는 것의 10%의 힘으로도 가능하다. 칭찬을 통해서 주변을 모두 춤추는 사람으로 바꿀 수 있다. 칭찬은 변화시키는 위력이 있다.

칭찬을 받으면 자존감이 생긴다. 열등감과 상처 속에 괴로워하는 사람은 거의 칭찬과 격려를 받은 경험이 없는 사람이다. 남에게 유익하고 선한 말을 하는 좋은 방법이 있다.

두 소년이 한 친구에 대해서 말하고 있었다.

“그 애는 공부를 너무 못해.” 그러자 한 친구가 말한다.

“그렇지만 마음이 착하잖아.”

“그 애는 농구를 못 하잖나.” 그러자 다른 친구가 말한다.

“그래도 반칙은 안 하잖아.”

“그 애는 되게 못 생겼어.” 그러자 다른 친구가 말한다.

“그래도 항상 웃고 살잖아.”

이렇게 부정적인 말에 긍정적인 말로 대꾸해 줄 때 그것이 열등감을 극복하는 선한 말이 된다.

불안에서의 회복

내 영혼아 네가 어찌하여 낙심하며 어찌하여 내 속에서 불안해 하는가
너는 하나님께 소망을 두라 그가 나타나 도우심으로 말미암아
내가 오히려 찬송하리로다(시 42:5)

현대 사회 속에서 많은 사람이 염려하는 것이 있다면 불안이다. 남들에게 뒤질세라 스스로 똑똑하다고 자처하는 사람들이 지금 어떻게 되는 것도 아닌데 앞에 일어날 일들을 미리 걱정하는 것을 심리학에서 '예기 불안'이라고 한다.

심리학자인 나폴레온 힐(Napoleon Hill)은 현대인은 아홉 가지를 불안해한다고 한다. 첫째는 가난의 불안, 둘째는 경제적 불안, 셋째는 실패의 불안(명예의 불안), 넷째는 질병의 불안, 다섯째는 건강의 불안, 여섯째는 사랑에 대한 불안, 일곱째는 노쇠에 대한 불안, 여덟째는 자유에 대한 불안, 아홉째는 죽음에 대한 불안이다. 이 9가지 불안 가운데 가장 중요한 것은 사랑이다. 생각해 보면 사람들은 걱정 안 해도 되는 것을 가지고 불안해하고 있다. 그 이유는 마음에 여유가 없기 때문이다.

그러면 사람들이 왜 불안해하는지를 살펴보자.

불안한 사람의 특징

1. 매사에 조급하다.

불안한 사람의 특징은 누군가가 금방이라도 쫓아 올 것처럼 정서가 안정되어 있지 못하다. 흔히들 성격이 조급하여 한곳에 오래 머물지 못하는 사람을 방정맞다고 말한다. 그러나 이런 사람은 방정맞은 게 아니라 심리적으로 무엇인가에 쫓기고 있기 때문에 불안한 것이다. 키에르케고르는 "인간은 불안이라는 열차를 타고 절망이라는 터널을 지나서 죽음이라는 종착역에 도착하는 존재"라고 말한다.

이처럼 사람은 불안한 존재이다. 그러나 이런 불안은 전능하신 하나님을 나의 하나님으로 만나는 기회로 만들고 나가면 내 힘으로 도저히 해결할 수 없다고 여겼던 문제들을 해결할 수 있을 것이다. "네 짐을 여호와께 맡기라 그가 너를 붙드시고 의인의 요동함을 영원히 허락하지 아니하시리로다"(시 55:22).

2. 매사에 침착하지 못하다.

어떤 일을 해도 심장이 울렁울렁거려서 가만히 있을 수 없는 사람이 있다. 불안은 두 종류가 있다. 일반적인 불안은 사람마다 차이는 있지만 누구에게나 있다. 예를 들면, 시간을 정해 놓고 약속시간에 늦으면 심리적으로 불안해진다. 또 시험 날짜가 다가올 때, 결혼 날짜가 다가올 때, 직장 취직 면접 날짜가 다가올 때, 군 입대를 앞두고 있을 때에 대부분 심리적으로 느끼는 불안이다.

그러나 병적 불안은 누가 쫓아온다고 스스로 느끼고 공포감을 느끼는 두려움이다. 이것을 우리는 '심리적 공항장애'라고 부른다. 누구든지 사람이 상처를 받으면 작은 일에도 병적 불안을 느낀다. 이뿐 아니라 만약 유괴 당한 경험이 있는 어린이들은 외인에 대한 병적 두려움이 있다. 또한 폭행당한 경험이 있는 사람도 병적 불안이 있다. 누구든지 이런 불안을 가지고 있으면 자율신경의 증가로 안절부절못하게 되어서 가슴이 두근거리고 식은땀이 흐르고 어지럼증이 동반되어서 자주 화장실에 가고 싶어 한다. 또 신문에서 교통사고 기사만 보아도 마치 내가 당한 것 같아서 병적 불안에 빠져버린다.

이처럼 심리적으로 불안한 사람은 가만있지 못한다. 참을성이 없고 불면증에 시달린다. 이런 사회공포증에 시달리는 사람은 사람들이 많이 모이는 장소에 가면 불안해한다. 병적 불안에는 폐쇄에 대한 공포감과 고소공포증, 간교함(뱀)에 대한 공포증도 있고, 더러움에 대한 공포증도 있다. 이처럼 불안은 나이에 따라 그 형태가 다르게 나타난다.

시편의 저자 고라의 자손들도 어떤 일로 불안해하였었다. 그 당시 고라의 자손들은 하나님의 성전에서 봉사하던 사람들이다. 그런데 무슨 일인지 모르지만 이들은 불안해하면서 이렇게 기도했다. "하나님이여 사슴이 시냇물을 찾기에 갈급함 같이 내 영혼이 주를 찾기에 갈급하니이다"(시 42:1). 이들은 심리적으로는 불안하기 때문에 하나님을 찾는 것이다.

불안 때문에 존 홉킨스(John' s Hopkins) 병원을 찾은 한 성도에게 하워드 켈리 박사가 물었다.

"어디에 이상이 있어서 오셨나요?"

"불안하기도 하고요. 자꾸 심장이 뛰는 게 안정이 안 돼서요."

"아마 강박관념 때문이 아닐까요."

그때 성도의 말을 듣고 켈리 박사는 큰소리로 말했다.

"하나님의 자녀가 무엇 때문에 불안해합니까? 하나님 품안에 있는 당신이 도대체 불안해하는 이유가 무엇입니까? 당신은 예수님을 의지하려 하지 않고 자꾸만 자기 자신을 의지하니까 불안한 것 아닙니까? 만일 하나님의 자녀들이 그분의 인도하심을 신뢰하고 전적으로 의지한다면 불안해할 것이 없습니다."

사람이 살다보면 누구나 낙심되거나 슬픈 일을 당하면 불안 우울증에 빠질 수도 있다. 우리는 하나님을 믿는 사람이기 때문에 불안해할 때마다 이렇게 소리쳐야 한다. "내 영혼아 어찌하여 불안해하느냐. 어찌하여 낙망하느냐. 나는 하나님만 바라본다. 나는 하나님의 자녀다. 하나님이 나를 도와주신다." 이렇게 말할 때 불안은 물러간다. 그러면 사람들은 왜 불안해할까?

사람들이 불안해하는 이유

1. 자아에 대한 지나친 집착 때문이다.

어떤 일이든지 자기 자신을 의식하면 할수록 일은 꼬이고 깊은 수렁에 빠지게 된다. 그래서 불안할 때 자기 자신에게 너무 집착하지 말아야 한다.

사람이 뭔가 집착하다 보면 혼자 있는 때에 마음이 좁아져 작은 일에도 쉽게 불안해한다. 이러한 집착은 좋은 집착이 아니라 서운한 일, 근심 안 해도 되는 일이다. 그러므로 내 안에 집착이 강해질 때 이렇게 생각해 보아야 한다.

"이런 상황에서 다른 사람들은 어떻게 생각할까?"

"이것이 정말 나만의 문제일까?"

가령 시험이라고 하면 '나만의 문제가 아니고 누구나 있을 수 있는 일이 아닌가?'라고 생각해 보아야 한다. 만약 그 상황이 나만의 문제라고 생각하면 조급해져서 심리적 공황상태가 일어나기 때문에 자기 자신에게 너무 집착하지 말아야 한다.

고라의 자손들도 불안해할 때 자기 자신(제1인칭)에게 집착했다. "내 영혼이", "내가 어느 때에", "내게", "내 음식이", "내가 전에", "내 영혼아", "네가", "내 속에서 내가" 계속적으로 자기의식을 하고 있다.

사람은 자기 자신을 의식하면 할수록 내 안에 있는 상처들, 염려들, 걱정들을 극복하지 못한다. 그러므로 불안이 찾아올 때 하나님의 도우심과 앞으로 받을 복을 생각하며 찬송해야 한다.

"주 안에 있는 나에게 딴 근심 있으랴
십자가 밑에 나아가 내 짐을 풀었네
주님을 찬송하면서 할렐루야 할렐루야
내 앞길 멀고 험해도 나 주님만 따라가리"

2. 과거에 대한 지나친 집착 때문이다.

우리 그리스도인들은 내일을 바라보면서 살아가는 사람들이다. 그러므로 과거에 대한 지나친 집착은 우리의 삶을 힘들게 한다. 누구든지 지난 일을 회상하면 기쁨이 있어야 한다. 그런데 자신을 뒤돌아보면 마음이 상한 이유는 하나님이 베풀어주신 은혜를 망각하기 때문이다. 누구나 과거의 아픔을 생각하면 마음은 불안해진다. 그래서 시인도 "내가 전에 성일을 지키는 무리와 동행하여 기쁨과 찬송의 소리를 발하며 저희를 하나님의 집으로 인도하였더니 이제 이 일을 기억하고 내 마음이 상하는도다"(시 42:4)라고 말한다. 이처럼 사람들이 어려움을 당하면 불안해한다. 그 행위가 과거 속에서 너무 시달렸기 때문이다. 그래서 우리는 과거에 집착하지 말고 앞으로 전진할 때보다 나은 삶을 살 수 있다.

이규태 교수의 《한국인의 의식구조》라는 책이 있다. 이 책에 한국 사람의 성품 중에, 의식구조 속에, 그 체질 중에 고쳐야 할 것 하나가 있는데 쿼터리즘(Quarterism)이라는 것이다. 쿼터리즘에서 쿼터라는 말은 '15분'이라는 말이다. 과정에 성숙하지 못하고 결과에 집착한 나머지 너무 초조해서 꼭 뭐든지 15분밖에 못한다는 말이다. 조간신문 보는 것도 자세하게 논설도 읽고 해야 하는데 큰 글자만 본다. 15분, 뭐든지 15분으로 훌쩍 넘겨버리면 집착하지 못하는 것이다. 유원지에서 노는 아이들이나, 놀이터에서 어떤 놀이기구에 앉아서 노는 아이들을 가만히 보면 15분밖에 안 논다는 것이다. 초초해하기 때문이다.

3. 유익하지 못한 질문이 불안하게 한다.

사람은 살면서 말을 잘하는 것이 얼마나 중요한지 모른다. 사람에게 있어서 대화의 화술은 마음을 기쁘게 한다. 예를 들면, 길에서 사람을 만날 때 "어디 가시나 보군요. 잘 다녀오세요"라고 말하지 않고 "어디 가십니까?"라고 묻는다. 우리는 개인의 사생활을 묻는 것은 실례이기 때문에 질문을 잘해야 한다. 그런데 고라의 자손들은 자기 자신에게 유익하지 않은 질문을 하고 있다.

"내 영혼이 하나님 곧 살아 계시는 하나님을 갈망하나니 내가 어느 때에 나아가서 하나님의 얼굴을 뵈올까 사람들이 종일 내게 하는 말이 네 하나님이 어디 있느뇨 하오니 내 눈물이 주야로 내 음식이 되었도다"(시 42:2~3)

고라의 자손들이 불안해하는 것은 믿음의 불확실성 때문이다. 사람은 가끔씩 유익하지 못한 질문을 자기 자신에게 한다.

"내가 이렇게 살아야만 하는가?"

"내가 왜 이렇지?"

이런 질문은 내 삶에 위로가 안 되고 우리를 더 깊은 불안과 좌절 속으로 빠뜨린다. 그러므로 불안의 때에는 유익한 질문을 해야 한다.

"하나님, 도와주세요."

"인도해 주세요."

"할 수 있게 해주세요."

"이겨 내게 해주세요."

이렇게 말할 때 마음의 평화를 얻을 수 있다.

그러면 불안의 해결책은 무엇인가?

불안의 해결책

고라의 자손들은 환경이 불안해지자 하나님을 바라보면서 "내 영혼아 네가 어찌하여 낙심하며 어찌하여 내 속에서 불안해하는가 너는 하나님께 소망을 두라 그가 나타나 도우심으로 말미암아 내가 여전히 찬송하리로다"(시 42:5)라고 말했다.

우리는 하나님의 형상으로 지음 받은 사람이다. 그래서 불안을 주는 생각을 버려야 한다. 그때 하나님께서 우리의 마음과 생각을 지켜 주신다.

그러면 어떻게 해야 불안을 치유할 수 있는가를 살펴보자.

1. 신체 반응을 음미하기

내 마음속에 불안하다고 생각될 때 근육의 긴장, 호흡, 심장이 뛰는 정도 등 현재 어떤 불안 증상이 나타나고 있는지 천천히 점검해 보아야 한다. 이때 자신의 생각을 검토하면서 무시하지 않고 의식적으로 반응하면서 있는 그대로 받아들여야 한다. 그러면서 자신이 스스로 이길 수 있다고 다짐해야 한다. 신체는 생각의 결정에 따라서 반응하기 때문이다.

2. 길고 가늘게 숨쉬기

불안할 때 숨을 길게 반복적으로 쉬게 되면 상당한 안정을 찾게 된다. 이와 동시에 냉수 한 컵을 마시면 많은 도움을 얻을 수 있을 것이다.

3. 자세를 점검하기

양 어깨를 잡아당기는 느낌으로 등은 꼿꼿하게 세우고, 몸 전체를 이완해 보면, 많은 도움이 된다. 또한 얼굴에 함지막한 미소를 지으면서, 긍정적인 생각을 하며 나가면 마음에 쉼을 얻게 된다. 불안은 자세와도 연관이 있기 때문이다.

4. 한 박자 늦추기

불안한 느낌이 오기 시작하면 지금 하고 있는 일을 빨리 해치우고 싶어 한다. 만약 그런 느낌이 온다면 억누르고 한 박자를 늦추기 바란다. 이때 운전을 하든지, 길을 걷고 있든지, 식사를 하고 있든지, 일을 하고 있든지 간에 현재 하고 있는 활동의 속도를 한 박자 늦추고 일을 진행하는 것도 마음에 안정을 준다.

5. 걱정이 현실화된 가능성은 배제하기

무언가 좋지 않은 일이 일어날 것으로 걱정될 때는 그 일이 실제로 일어날 수 있는지 객관적으로 비교 검토해야 한다. 그리고 합리적인 평가를 함으로써 걱정이 현실화되지 않도록 배제할 때 두려움이 감소된다.

6. 걱정 그리고 걱정을 없애기

걱정에는 두 가지 형태가 있다. 첫 번째는 우리가 대처할 수 있는 걱정이 있고, 두 번째는 우리가 대처할 수 없는 걱정이 있다. 첫 번째 걱정에 대해서는 우리가 할 수 있는 일을 하고, 두 번째 걱정은 나중으로 연기하면서 해도 된다.

7. 지금 그리고 이곳에 집중하기

사람이 불안해지면 현재 상황에 집중하려고 노력해야 한다. 만일 설교를 듣고 있다면 설교자에게 집중하고, 만약 백화점에 있다면 사람들이 어떤 색깔의 옷을 입고 있는지 집중해야 한다. 그리고 야외에 있다면 하늘의 구름이 어떤 모양인지 하늘을 쳐다보면서 집중해야 한다. 그때 불안은 사라지고 마음의 평강이 찾아올 수 있다.

8. 성공을 상상하기

어떤 노력의 결과에 대하여 걱정이 많을 때는, 그 일이 앞으로 잘 되어서 성공할 것을 상상해야 한다. 야구선수는 홈런을 생각하고, 학생은 시험에서 좋은 결과를 생각하고, 사업하는 사람은 사업에 성공할 것을 상상해야 한다. 이런 상상이 좋은 결과를 가져올 수 있다.

9. 확신 갖기

'사람에게는 도전하여 이루지 못할 것이 없다' 라는 확신을 가지고 기도와 찬송을 하면서 하나님만 바라보아야 한다. 그때 하나님은 우리에게 새 힘과 함께 평강을 주신다.

미국 남북전쟁 때 북군의 총사령관이었고, 제18대 대통령으로 당선 되어서 8년 간 미국의 대통령을 지낸 율리시스 그랜트(1869~1877)라는 사람이 있다. 그는 대통령을 지내고도 재산을 모아둔 것이 없었다. 그가 은퇴할 당시 얼마 되지 않은 재산을 뉴욕 금융가에서 활동하던 친구에게 맡겼다가 몽땅 사기를 당하고 말았기 때문이었다. 그런 일이 있은 후에 목이 불편하여 진찰을 받았더니 악성 암이었다. 그는 이제 수개월밖에 살 수 없었다. 설상가상으로 가족들에게 남겨줄 유산도 없었다.

사람들은 이쯤되면 모두 약해지고, 불안해져 자포자기 하는 경우가 많다. 그런데 그랜트는 하나님을 바라보았다. 전쟁터에서 자기를 지켜주신 하나님, 그 많은 죽음의 골짜기를 지날 때 머리털 하나도 상하지 않게 지켜주신 하나님을 바라보았다. 그리고 침착하게 자기의 남은 생애를 생각하면서 회고록을 쓰기 시작하였다. 그 후 그는 8개월 후에 두 권의 책을 남기고 세상을 떠났다. 그가 죽은 후에 출판된 그의 회고록은 엄청난 판매고를 올렸다. 이 책의 판매로 당시 50만 달러 수입을 가져오게 되었고, 가족들은 그것으로 생계의 안정을 누리게 되었다. 그는 어떤 역경에도 포기하지 말고 절망하지 말라는 교훈을 보여주었다.

마음이 불안한 사람들은 이렇게 기도해야 한다.

"내 영혼아…어찌하여 내 속에서 불안해 하는가 너는 하나님께 소망을 두라 그가 나타나 도우심으로 말미암아 내가 여전히 찬송하리로다"

누구든지 하나님의 능력으로 역경과 절망의 담을 넘어서 불안에서 해방되는 삶을 살아야 한다.

불안을 회복하는 길

불안을 넘어서 회복하는 삶이 되려면 다음과 같이 해야 한다.

1. 하나님 아버지에 대한 절대적인 믿음을 가져야 한다.

예수님이 하나님을 아버지라고 불렀다면 그 호칭은 막연히 어떤 격식을 차려서 부르는 호칭이 아니다. 어린아이가 자기 아빠를 보듯이 절대적인 주님을 바라보아야 한다.

2. 철저히 순종하는 믿음을 가져야 한다.

우리가 불안을 느끼지 않으려면 하나님과 충돌하지 않아야 한다. 하나님과의 불화는 우리에게 불안의 씨앗을 심는다. 그러므로 항상 하나님과 평안한 관계를 가져야 한다.

3. 간절한 기도를 해야 한다.

예수님은 일평생 기도하시는 분이었다. 기도가 불안을 극복하는 비결이었다. 주님이 드리신 기도 가운데 가장 감동적인 기도는 겟세마네 동산의 기도였다. 더할 수 없는 약함, 더할 수 없는 슬픔, 더할 수 없는 고뇌가 그를 사로잡고 있었다. 그렇지만 기도를 통해서 어두움은 물러가고 평안을 찾으셨다.

신촌 세브란스 병원에서 어느 가난한 지역을 대상으로 무료 건강진단을 실시했다. 총 200명의 사람들 중에 교회를 다니는 교인 100명과 불신자 100명이 건강진단을 받았다. 그런데 교인들은 100명 중 40%가 병이 있는 환자였고, 불신자는 100명 중 80%가 환자였다.

교인들은 불신자보다 갑절로 건강을 누리고 있다는 것이다. 그래서 그 이유가 무엇인지 분석해보았다.

첫째, 교인들은 교회 나가서 박수 치고 찬송을 부르기 때문에 그 마음에 기쁨과 평화가 넘쳐서 스트레스가 풀리고 전신의 근육과 신경 운동을 하게 되므로 혈액순환이 잘되니 건강하다.

둘째, 교회 나가서 기도함으로 근심과 걱정, 속상함, 불안 등을 해소할 수 있기 때문에 울화병이 안 생기고 마음에 평강을 누릴 수 있어서 건강하다. 그러나 안 믿는 사람들은 속상하다고 술 마시고 싸움을 하는 등 오히려 병을 더 만든다.

셋째, 하나님께서 복 주심으로 건강하다. 이 세상을 혼자서 고아처럼 사는 것이 아니라 하나님 아버지의 도움을 받고 하나님께 기도하고 찬송하고 믿음을 가지니 그 사람의 생활이 더 행복한 것이다.

독일의 마틴 부처(Martin Bucer)는 "슬픔 속에 있느냐? 기도하라. 핍박을 받고 있느냐? 기도하라. 어려움이 생겼느냐? 기도하라. 기도밖에 할 것이 없다."라고 말했다. 이것이 회복의 길이라고 할 수 있다.

묵·상·의·글

불안을 없앨 수 있는 묘책

불안은 불확실한 것에 대한 걱정이나 근심 때문에 생겨난다.

제1차 세계대전 때, 한 프랑스 군인은 불안을 없앨 수 있는 묘책을 전투시마다 항상 가지고 다녔다. 그 묘책은 다음과 같다.

“두 가지 중 한 가지는 확실한 법이다. 너는 전선에 배치되어 있거나 또는 후방에 남아 있을 것이다. 만일 네가 전선에 배치되어 있다면 죽을 위험이 있는 곳에 얼마 후 부상을 당하게 되거나 또는 부상을 당하지 않을 것이다. 만일 네가 부상을 당하게 된다면 너는 회복되거나 아니면 죽을 것이다. 만일 네가 회복된다면 회복된 이상 조금도 불안해할 필요는 없다. 또한 만일 네가 죽게 된다면 불안해할 수도 없게 된다. 이처럼 모든 것이 자명한데 도대체 무엇 때문에 불안해한단 말인가?”

마찬가지로 시편 기자가 “내 영혼아 네가 어찌하여 낙심하며 어찌하여 내 속에서 불안해 하는가”라고 한 것은 하나님이 모든 것을 해결하여 주실 것을 믿는 확신에서 나온 질문이다. 살아도 모든 것이 하나님께 달려 있으며 죽어도 모든 것이 하나님께 달려 있는데 하나님을 믿는 우리가 무엇을 불안해할 이유가 있는가 생각해 보자. 불안은 불신에서 온 것이기 때문이다.

상처의 회복

여호와는 마음이 상한 자를 가까이 하시고 충심으로 통회하는 자를 구원하시는도다
(시 34:18)

상처를 치유하지 않고도 평안히 살 수만 있다면 얼마나 좋을까? 그러나 상처 없는 세상은 없다. 문제는 상처를 받았을 때 어떻게 털고 일어나느냐가 중요하다. 내적으로나 육적으로 상처가 없는 사람은 없다. 단지 상처가 깊으냐 그렇지 않느냐의 차이일 뿐이다.

그렇다면 누구에게 상처를 받는가? 대개는 알지 못하는 사람에게 상처를 받고 살지 않는다. 나를 가장 잘 아는 사람, 내 이웃, 친구, 동료들에게 상처를 받는다.

이솝 우화에 이런 이야기가 있다. 어느 날, 실개천에서 개구리들이 뛰어 놀고 있었다. 다리 위에서 개구리들에게 어린아이들이 장난으로 돌멩이를 던졌다. 비록 동네 꼬마들이 무심코 던진 돌이요 장난으로 던진 돌이었지만, 개구리 입장에서 보면 생사가 달린 일이다. 마치 우리가 사는 세상이 이런 것 같다. 무심코 던진 말이 가슴을 아프게 하고, 함부로 했던 말이 평생 상처가 되어서 지울 수 없는 아픔을 준다.

미국으로 공부를 떠난 유학생 부부가 있었다. 청운의 꿈을 가지고 미국 유학길에 올라서 열심히 공부를 하였다. 공부하는 동안 부인은 경제적으로 어려워지자 하던 공부를 멈추고 열심히 직장에 다녀서 남편 뒷바라지를 했다. 시간이 지나자, 자식이 태어났고, 경제적으로 기반이 어느 정도 잡혔다.

이제 남편은 원하던 과정을 마치고 박사 학위를 받았다. 그리고 직장에 취직도 하였다. 겉으로 보기에는 이 부부는 행복하게 보였다. 어느 날 이 부부가 무슨 이유인지 사소한 일로 인해 말다툼을 하다가 그만 남편이 하지 말아야 할 말을 했다.

"이제 너 같은 건 필요 없어."

"그래 이제 나 같은 건 필요 없어도 돼. 그럼 없어져 주지!"

홧김에 아내가 차를 몰고 가다가 교통사고를 내 현장에서 죽었다. 부인의 교통사고 소식을 듣고 남편이 병원에 왔다. 싸늘한 부인의 시신 앞에서 남편은 목 놓아 울면서 이렇게 말하였다.

"여보! 아니야! 아니야! 당신이 정말 필요해. 내가 잘못했어. 당신이 정말 필요해. 내가 미안해, 내가 하지 말아야 할 말을 했어. 아니야."

남편은 목 놓아 울었다.

말에는 이런 위력이 있다.

말이 얼마나 사람들에게 큰 상처를 주는 무기인지 모른다. 잠언 25장 11절에 "경우에 합당한 말은 아로새긴 은쟁반에 금 사과니라"고 하였다. 우리의 잘못된 말 때문에 지금도 누군가가 아파하고 괴로워하고 있다면 그 상처를 치유해야 한다. 상처를 치유할 때 회복될 수 있기 때문이다.

다윗이 사울을 피해 원수의 나라인 블레셋에 망명을 갔다가 위험을 당하고 아비멜렉 왕 앞에서 미친 척을 하였다. 이때 다윗이 미친 체 함으로 블레셋에서 쫓겨난 후 아둘람 굴에서 지은 시가 시편 34편이다.

시편 34편 표제에 이렇게 쓰여 있다.

"다윗이 아비멜렉 앞에서 미친 체 하다가 쫓겨나서 지은 시"

한마디로 이 시는 다윗이 상처받고 고난과 슬픔 속에 있을 때 지은 시이다. 다윗은 사울 왕에게 쫓기는 신세가 되다 보니 상한 마음을 가지고 치유해 달라고 하나님께 기도한 것이다.

왜 사람은 마음이 상하는가?

1. 험악한 말 때문이다.

상처가 많은 사람일수록 말을 지혜롭게 해야 한다. 만약 말이 지혜롭지 못하면 도리어 큰 상처를 입는다. 이러한 상처를 위해서 언어 선택은 매우 소중하다. 좋은 언어 선택과 함께 용서하는 마음이 필요하다. 문제는 상처를 준 사람이 용서가 되지 않는다는 사실이다. 마음으로는 용서를 해야 한다고 생각은 하지만 그렇지 않다. 그래서 바울 사도는 로마서 7장 24절에서 "오호라 나는 곤고한 사람이로다 이 사망의 몸에서 누가 나를 건져내랴"라고 자신을 바라보면서 한탄하였다.

사람이 어려운 일을 만나면 수많은 아픔을 당하게 된다. 사람들이 누군가와 이야기 할 때 보면 "나 그 사람 때문에 큰 상처를 받았다"라고 말한다. 무슨 이야기인가 잘 들어 보면 그 사람이 "내 마음을 아프게 했다"라는 이야기이다.

상처는 다른 게 아니다. 사람의 마음을 아프게 하고 약점을 지적하고 사람의 마음을 깨뜨리는 것이다. 평온한 마음에 돌을 던져서 파장을 만드는 것이 상처이다.

다윗이 마음에 상처가 너무나 컸기 때문에 "여호와는 마음이 상한 자를 가까이 하시고"라고 말한 것이다. 여기 마음이 상한 상처에 broken hearted라는 단어를 썼다. broken이란 '부서진, 깨어진, 망가진'이라는 뜻이다.

누군가의 이야기로 자존심이 깨진, 즉 자존심이 망가진 상태가 상처다. 이런 상처 때문에 다윗은 블레셋 아비멜렉 왕 앞에서 살기 위해서 미친 체 해야 했다. 하나님을 믿는 사람이 살기 위해서 미친 체 해야 했던 그 심정은 얼마나 괴로웠겠는가? 내적으로는 사울 왕에게 쫓기고, 외적으로는 블레셋 아비멜렉 왕 앞에서 살기 위해서 몸부림치는 자신을 보면서 다윗은 하나님께 나아왔다.

스위스에 유명한 정신의학자인 폴 트루니에(Paul Tournier)라는 박사가 있다. 그는 한 평생 의사로서 인간 치유에 관심을 가진 학자이다. 그가 쓴《인간 치유의 심리학》이라는 책에서 사람은 상처를 받으면, 첫 번째 반응이 고통이라고 말한다.

우리가 누군가에게 상처를 받으면 제일 먼저 고통으로 다가온다. 그 다음은 분노한다. "저 사람이 어떻게 나에게 그렇게 할 수 있어?" 그 다음은 저주하다가 마지막에 가서야 수용한다는 것이다.

우리 주변에는 예상외로 상처를 입은 사람들이 너무 많다. 가정에서 부부 폭력으로 얻어맞은 사람도 있다. 고부간의 갈등으로 서로가 승자가 아닌 패자로 남아서 상처를 받은 가정이 있다. 이웃들의 배반으로 가슴 아픈 상처를 당하는 사람들이 있다. 직장에서 어려움을 당하여 상처를 가지고 사는 사람도 있다. 주변을 되돌아보면 상한 마음으로 힘들어 하는 사람들이 너무나 많다. 이때 마음에 상처를 받은 사람들은 4가지 증상이 나타난다.

첫째는 신체적 장애가 온다. 누구나 상처를 받으면 혈압이 오르고 스트레스를 받고 얼굴이 창백해진다. 또는 안면마비가 오는 사람도 있다. 이것이 신체적인 장애이다.

둘째는 불안정이 찾아온다. 마음이 불안해져 안절부절못한다. 동시에 소화도 안 되고 온갖 걱정이 가득해져서 불안해한다.

셋째는 우울증으로 감정이 상해서 혼자 있고 싶어진다.

넷째는 공포증으로 자주 놀라서 심리적 안정을 잃게 된다. 결국 상처는 보이지 않지만 치료하지 않으면 삶의 의욕을 잃어버리게 하는 무서운 내적인 적이다. 그러므로 상처받았을 때 하나님께 나와서 말씀과 성령의 능력으로 치유 받아야 한다.

제이 아담스(Jay Adams)라는 상담학자는 "성령의 능력이 아니고는 사람이 치유 받을 수 없다"라고 말했다. 오직 하나님의 능력만이 우리의 상처를 완전하게 치유할 수 있는 것이다.

우리는 누구에게나 상처를 주는 존재가 되지 말아야 한다. 부부 사이에도 상처를 주지 말아야 한다. 직장생활 속에서도 상처를 주지 말아야 한다. 상처를 주지 않기 위해서는 조금만 더 크게 생각하고 이해하면서 사랑하며 사는 사람들이 될 때 아름다운 세상이 만들어 질 것이다.

2. 육체가 병들 때 상처를 받는다.

병든 사람들은 마음의 상처가 많아서 이미 마음도, 육체도, 병들어 있는 것을 보게 된다. 그래서 아픈 사람은 위로가 필요하다.

질병으로 입원해 있는 사람들을 방문해 보면 "바쁘신데 왜 오셨어요"라고 말을 한다. 이 말의 진의는 무엇일까? 병들면 위로자를 기다린다는 뜻이다. 만약 그 위로자가 늦게 오면 속으로 상처를 받고 시험에 들기도 한다. 마음이 상하면 생각이 좁아지기 때문에 빨리 찾아가서 위로해 주어야 한다. 그것이 상한 마음을 치유할 수 있는 근원이기 때문이다. 사람들은 누군가에게 배신당하면 상처를 받는다. 믿었던 사람에게 배신당한다는 것은 큰 상처이다. 남녀관계에 있어서 가장 큰 상처는 실연의 아픔이다. 부부에게 있어서는 이혼의 아픔이다.

이러한 아픔은 삶의 의욕을 상실하게 만들고 모든 것을 끝내고 싶은 충동을 받는다. 누군가에게 버림 받았다는 고통이 자신의 삶에 자괴감을 주기 때문이다.

오래 전 어느 자매가 맞선을 보았다. 그런데 남자에게 딱지를 맞았다. 이 자매는 은근히 그 남자를 마음에 두었는데 딱지를 맞아 상처가 된 것이다. 이처럼 사람은 누군가에게 불이익을 당할 때, 배신당할 때 상처를 받는다. 비방하고 모욕당할 때 상처를 받는다. 믿었던 사람에게 실망을 느낄 때 상처를 받는다. 사람은 연약한 갈대 같아서 말 한마디에 상처받고, 비교 당할 때 상처받고, 관계가 악화될 때 상처를 받는다. 그러므로 우리는 마음에 상처를 받을 때 하나님을 가까이 하고 마음의 이야기를 털어 놓아야 한다.

그래서 다윗은 상처를 받을 때마다 고난에서 건져 달라고 기도했다. 우리가 하나님께 기도할 때 상처를 치유해 주시고 위로해 주신다.

"나는 너희를 치료하는 여호와임이라"(출 15:26)

"(여호와께서는) 상심한 자들을 고치시며 그들의 상처를 싸매시는도다"(시 147:3)

하나님은 치유하시는 분이시다. 상처를 받거든 모든 아픔을 동정하신 하나님께 하소연해야 한다. 우리의 이야기를 들으시고 주님이 위로해 주실 것이다.

"하나님 한 번도 나를 실망시킨 적 없으시고

언제나 공평과 은혜로 나를 지키셨네
오 신실하신 주 오 신실하신
만약 내 너를 떠나지도 않으리라
내 너를 버리지도 않으리라
약속하셨던 주님 그 약속을 지키사 이후로도
영원토록 나를 지키시리라 확신하네"

어려움 당할 때마다 주님께 나와서 기도하면 하나님은 우리를 싸매어 주시고 복을 주시고 실망시키지 않는다. 하나님을 의지하고 나갈 때 상한 마음이 치유되고 회복되는 은혜가 있기 때문이다.

치유방법과 회복

사람들이 하나님께 가까이 나갈 좋은 기회는 상한 마음을 가질 때이다. 하나님을 가까이 하지 않는 사람들도 상처를 당하면 하나님께 가까이 가서 기도한다. 그때 하나님이 그 기도를 들어주시고 위로하여 주신다.

요셉은 아버지의 사랑을 독차지하며 살았던 사람이다. 어느 날, 꿈 때문에 형들에게 미움 받고 은 20냥에 타국으로 노예로 팔려가는 쓰라린 상처와 아픔을 겪게 되었다. 애굽의 상인에게 팔려서 보디발 집에서 안정을 찾는다 싶었을 때 또 다른 역경이 다가왔다. 결국 보디발의 아내의 사건으로 옥에 들어가게 되었다. 옥중에서도 끝이 안 보이는 생활이 시작되었다. 언제 석방될지 모르는 기약 없는 무기수였다. 그러나 형제들에게 꿈 때문에 미움 받고 애굽의 상인에게 팔리었지만, 이제 요셉은 그 꿈 해석 때문에 미래가 밝아지는 도구가 된 것이다. 나의 장점이 한때는 단점이 되기도 하지만, 다른 시대에는 나의 장점이 축복의 도구가 되는 것이다.

우리가 고통당할 때 기억해야 할 것은 괴로움은 잠깐이고 복은 영원하다는 것이다. 사울 왕이 다윗을 죽이려고 할 때 다윗은 참 많은 어려움을 겪었다. 그러나 다윗이 사울 왕을 한 번도 원망하지 않자 결국 사울을 하나님이 치시고 다윗을 승리자로 세워서 위로하시고 복을 주셨다.

우리는 어려운 일 당할 때마다 사울처럼 되지 말고 다윗처럼 되어야 한다. 다윗의 삶에는 상처가 많았지만 모든 것을 하나님께 맡기고 나갈 때 사울의 집은 약하게 하시고 다윗의 집은 강하게 해주셨다.

"사울의 집과 다윗의 집 사이에 전쟁이 오래매 다윗은 점점 강하여 가고 사울의 집은 점점 약하여 가니라"(삼하 3:1). 이런 모습을 보면서 우리가 배워야 할 것은 마음에 상처를 받을 때마다 예수님을 바라보고 축복하는 삶을 살면 다윗처럼 강해진다는 것이다.

가수 윤복희가 남진 씨와 이혼하고 삶을 자포자기하고 있을 때, 오빠가 동생을 위로하여 부른 노래가 서울 국제가요제(1979)

에서 대상을 받은 '여러분(is you)' 이라는 곡이다.

"내가 만약 외로울 때면 내가 위로해 줄게
네가 만약 서러울 때면 내가 눈물 되리
어두운 밤 험한 길 걸을 때
내가 내가 내가 너의 등불이 되리
허전하고 쓸쓸할 때 내가 너의 벗이야
내가 너의 영원한 친구야 나는 너의 형제야
나는 너의 노래야 나는 나는 나는 너의 기쁨이야"

우리가 외롭고 상처받으면 주님이 위로해 주신다. 그러므로 낙심하지 말고 용기와 소망을 가지고 주님과 동행함으로 늘 승리해야 한다. 그때 상처는 사라지고 하나님의 위로와 복이 함께 함으로 마음의 평강을 누리게 되는 것이다.

"이 세상의 친구들 나를 버려도
나를 사랑하는 이 예수뿐일세
예수 내 친구 날 버리잖네
온 천지는 변해도 날 버리지 않네"

월터 패트릭 비쉐

스무 살에 혜성처럼 나타난 미국 뉴욕발레단의 천재 무용수가 뉴저지에 있는 자기 아파트에서 시체로 발견되었다. 죽음의 원인은 약물 중독이었다. 그런데 그 장례식에 한 여인이 찾아와서 너무나 처절하고 슬프게 울었다. 그 여인은 울면서 이렇게 이야기하였다.

"얘야, 너를 죽인 것은 바로 이 어미구나. 너희 아버지가 갑자기 소리 지르고 물건을 집어던지고 욕설을 퍼부을 때 그것이 내게 상처가 되어서 너를 기를 때 너를 때리기도 하고 욕설을 퍼붓기도 했구나. 알고 보면 네 아버지도 네 할머니의 희생자란다. 내가 화가 나고 짜증난다고 그렇게 너에게 욕설하고 때리지만 않았더라면 네가 이렇게 슬픈 인생을 살지는 않았을 텐데…."

죽은 이 청년의 이름은 '월터 패트릭 비쉐'라고 하는 천재 무용수였다. 그 어머니 패트리샤는 교회학교 교사와 성가대로 봉사하는 독실한 그리스도인이었다. 그러나 그는 남편으로부터 받은 상처와 아픔으로 인해 자신도 모르는 사이에 자기 아이에게 화를 내고 무엇인가 던지고 때리고 그 감정을 조절하지 못하고 폭발시켰던 것이다.

피곤하고 지칠 때 신세를 한탄하면서 자기 아들에게 이유 없는 매질을 할 때도 있었던 것이다. 따뜻한 사랑과 격려를 기대했던 이 아들은 부모로부터 받은 모욕적인 말과 고통과 갑작스런 매질 앞에 외로움과 고독 가운데서 약물에 의지하지 않고는 자기 인생을 살 수 없었던 것이다. 그의 유서에는 "나는 약물로 망가지고 있다. 될 대로 되라" 고 적혀 있었다.

걱정에서의 회복

너는 그에게 말하고 그의 입에 할 말을 주라 내가 네 입과 그의 입에 함께 있어서
너희들이 행할 일을 가르치리라 그가 너를 대신하여 백성에게 말할 것이니
그는 네 입을 대신할 것이요 너는 그에게 하나님 같이 되리라(출 4:15~16)

오래 전 월간지 「머니(money)」의 통계조사에 '사람들이 가장 많이 생각하는 것이 무엇인가?'라는 기사가 실린 적이 있었다. 미국인의 82%가 돈이라는 통계였다. 동시에 53%가 가장 걱정하는 것도 돈이라고 했다.

우리나라 IMF 때에 병원이 텅텅 비었다. 아파도 돈 때문에 병원에 가질 않았다. 그러나 경제가 다시 회복되면서 병원마다 환자들로 가득 차게 되었다. 많은 사람의 병의 근원이 걱정에서 비롯된 것임을 알 수 있는 대목이다.

사람들은 참 많은 걱정을 하고 산다. 알고 보면 염려, 근심이라는 단어는 생활에 불필요한 단어들이다. 그런데도 사람들이 모이는데 가보면 근심, 걱정, 염려, 불평, 부정적인 생각, 건강에 대한 걱정, 미래에 대한 걱정, 사람에 대한 걱정이 많다. 이런 걱정은 잘해도 문제이고, 못해도 문제이기 때문에 백해무익(百害無益)이다.

걱정이라는 뜻은 "어려운 일 때문에 마음이 괴로움을 겪는 상태"를 말한다. 좋으면 좋은 대로 걱정하고, 나쁘면 나쁜 대로 걱정하는데 결국 걱정은 습관이다.

어느 날 사울 왕의 아버지 기스가 나귀를 잃어버렸다. 기스는 자기 아들 사울을 불러서 잃어버린 나귀를 찾아오라고 말했다. 생각해 보면 이처럼 막연한 일도 없다. 도대체 이 나귀가 어디로 갔는지, 어디로 가야 찾을 수 있는지 전혀 알 길이 없다. 그런데 아들 사울은 어디서 잃어버렸냐고 묻지도 않고 아버지의 말씀에 순종하여 찾으러 나갔다.

사울은 나귀를 찾기 위해서 무려 사흘 길을 헤맸다. 그러다가 나귀를 찾으러 나간 지 사흘이 지나자 '아버지가 걱정하시겠다' 생각하고 사환에게 돌아가자고 말했다.

"내 아버지께서 암나귀 생각은 고사하고 우리를 위하여 걱정하실까 두려워하노라"(삼상 9:5). 이때 사환이 돌아가는 길에 사무엘 선지자에게 한번 물어보자고 말한다. 어디로 가야 암나귀를 찾을 수 있는지 방법을 알기 위해서다.

그런데 사울에게는 또 하나의 걱정이 생겼다. 모처럼 선지자를 만나러 가는데 빈손으로 갈 수 없었다. 그 당시 풍습은 선지자를 찾아갈 때 예물을 가지고 가는 것이 예의였다. 이 두 사람은 자기의 호주머니를 다 털어서 있는 것 가지고 사무엘 선지자를 찾아갔다.

그때 하나님께서는 사무엘 선지자에게 "내일 이맘 때에 베냐민 땅에서 한 사람을 보낼 것인데 그 사람에게 기름을 부어서 이스라엘 지도자로 삼으라"고 말씀하셨다. 사울은 잃어버린 암나귀를 찾으러 갔다가 사무엘 선지자를 만나고 왕으로 기름 부음을 받고 잃어버린 암나귀를 찾는 해피엔딩으로 끝난다.

이처럼 사람들의 근심 걱정은 시간이 지나면 해결이 된다. 베드로전서 1장 6절에 "너희가 이제 여러 가지 시험으로 말미암아 잠깐 근심하게 되지 않을 수 없으나 오히려 크게 기뻐하는도다"라고 하였다. 우리가 생각하는 고민은 잠깐의 근심 걱정이다. 야고보서 1장 2절 "시험을 당하거든 온전히 기쁘게 여기라"고 하였다. 근심이라는 말은 본래 "나누어지다"라는 뜻이다. 마음이 나누어져서 걱정거리가 생긴다는 뜻이다.

미국에서는 하루에 600만 개의 수면제가 팔린다고 한다. 하루에 600만 명이 수면제를 먹어야 잠을 잘 수 있다는 것이다. 이처럼 세상은 근심 걱정으로 가득차 있다.

고사성어에 기인우천(杞人優天)이라는 말이 있다. 옛날 중국에 기(杞)라는 나라에 청년 하나가 있었다. 이 청년은 늘 길거리에서 걱정을 했다. 그 걱정 때문에 청년은 아무 일도 못하였다. 어느 날 지나가는 사람이 물었다.

"무슨 걱정이 그리 많소."

"하늘이 꺼질까봐 걱정이 되어서 아무 일도 할 수 없소."

하도 어이가 없어서 지나가던 사람이 말했다.

"한 번도 하늘이 꺼진 적이 없고 앞으로도 하늘이 무너지지도 않을 것이요."

그 말을 듣고 이 청년이 툴툴 털고 일어났다고 한다. 여기서 나온 고사성어가 기인우천이다. 기(杞) 나라 사람이 하늘을 걱정한다는 뜻으로 줄여서 '기우(杞憂)'라고 한다.

마태복음 6장 31절에 "염려하여 이르기를 무엇을 먹을까 무엇을 마실까 무엇을 입을까 하지 말라"고 하였다. 여기서 염려하지 말라는 것은 하나님이 먹이시고 입히시기 때문이다.

마태복음 6장 27절에 "누가 염려함으로 그 키를 한 자라도 더할 수 있겠느냐"고 하였다. 아무리 염려해도 소용없는 것을 왜 걱정하느냐는 뜻이다.

걱정은 불신앙에서 나온다. 사람들이 걱정하는 이유는 한 가지 일을 한 방향으로만 생각하여서 집착이 감정을 분열시키고 안정을 잃어버리게 하기 때문이다. 또한 믿음을 약화시켜 바른 생각을 방해하고 객관적인 판단을 마비시켜서 인격을 파괴시키는 것이 걱정이고 근심이다.

그러면 걱정을 해결할 수 있는 방법은 무엇인가 생각해 보자.

걱정을 해결하는 방법

1. 행동하는 믿음을 가져야 한다.

사람은 대체로 앉아 있을 때 걱정을 제일 많이 한다. 앉아 있을 때 별 생각이 떠올라서 걱정하기 때문에 걱정만 하지 말고 행동하라는 것이다.

손가락 하나 까딱하지 않으면 문제가 해결되지 않는다. 안 된다 할 것이 아니라, 되든 안 되든 움직여 보아야 한다. 걱정은 행동으로 옮겨질 때 더 이상 나타나질 않는다. 사울도 아버지가 암나귀를 잃어버렸을 때 '어떻게 잃어버렸느냐? 어디로 가야 찾을 수 있느냐?' 따지지 않았다. 아버지가 찾아오라고 하니까 떠났을 뿐이었다. 우리에게 걱정이 찾아올 때 앉아서 걱정하지 말고 문제를 해결하는 행동으로 옮길 때 닥쳐오는 모든 염려를 물리칠 수 있다.

2. 행동의 방향을 바꾸어야 한다.

이제 사울은 잃어버린 나귀만 생각하다가 문득 아버지를 걱정하게 된다. "나귀를 찾으러 나간 아들 때문에 걱정하시겠다" 라고 아버지를 염려하며 방향을 돌려서 집으로 돌아간다. 누구든지 걱정하는 것이 있다면 한번쯤 방향을 바꾸어 보아야 한다. 다른 각도로, 다른 가능성으로 생각해 보면 문제는 쉽게 풀릴 수 있다. 문제는 속도가 아니라 방향이기 때문이다. 그래서 사울은 생각을 바꾸었다. 잃었던 나귀가 아니라 이젠 훨씬 더 높은 가치를 생각한 것이다. 나귀보다 아버지가 더 소중하다고 생각하여 집으로 돌아온다. 그때 나귀는 벌써 찾았던 것이다.

3. 하나님께 기도할 때 걱정이 물러간다.

사울이 문제를 해결하는 과정에서 우리가 배워야 할 것은 사무엘을 찾아가는 태도이다. 그는 자신의 문제를 가지고 선지자에게 물었다.

이것이 문제를 해결하는 방법이다. 사도 바울은 "아무것도 염려하지 말고 다만 모든 일에 기도와 간구로 너희 구할 것을 감사함으로 하나님께 아뢰라" (빌 4:6)고 하였다.

걱정거리가 있을 때 걱정을 멈추고 기도하되 감사함으로 해야 한다. 기도 없는 걱정은 마귀의 노예가 되어 시험에 빠지기 쉽다. 그러므로 걱정이 떠오르거든 엎드려서 기도해야 한다. 사울이 염려를 하나님께 다 맡기기 위해서 사무엘 선지자를 찾아갔을 때 이미 문제는 해결되었다. 사흘 전에 잃은 네 암나귀를 찾았다고 말한다.

아브라함이 독자 이삭을 모리아 산에 바치려 할 때 마음이 아프고 걱정이 되었다. 그러나 하나님께서는 이미 모리아 산 정상에 숫양 한 마리를 준비해 두셨다. 또 안식일이 지난 새벽에 마리아와 몇 명의 여인들이 예수님의 시신에 향유를 바르기 위해서 갈 때, '로마 군인이 무덤 앞을 지키고 있는데 누가 무덤 문을 열어 줄 것인가?' 염려하였다. 그러나 여인들이 향유를 가지고 새벽 미명에 무덤에 갔을 때 군인도 없었고, 돌도 이미 옮겨져 있었다. 이처럼 걱정을 하나님께 맡기고 행동하면 하나님께서 해결해 주신다. 오직 믿음으로 행동하는 사람만이 합력해서 선을 이루게 된다. 우리들은 이제 걱정하기보다 얻은 것을 감사하자.

자리에 앉아서 문제를 해결하려 하지 말고 순종하며 하나님께 기도함으로 해결 받아야 한다. "네 암나귀를 염려하지 말라 찾았느니라."

1860년 10월 10일, 캐나다에서 한 노인의 시체가 발견되었다. 죠셉 스크리븐(Joseph Scriven)이다. 스크리븐은 영국에서 대학을 졸업하고 캐나다에 와서 학교 교사가 되었으며 한 여성과 약혼하였다. 그런데 결혼식을 위하여 오던 약혼녀가 배의 침몰로 사망한 것이다. 이 일로 그는 정신적인 충격을 받고 직장까지 중단할 정도로 3개월을 실의와 좌절 속에서 살았다.

어느 날 그는 교회에서 기도하는 중에 이런 생각이 떠올랐다고 한다. "나는 사랑하는 약혼녀를 호수에서 잃었으나 하나님은 독생자를 십자가에서 잃었다. 그러나 하나님은 사랑하는 아들을 잃음으로써 인류를 사랑하신 것이다." 이런 생각이 그의 마음속에 떠오르자 기쁨이 마음에서 솟아나는 느낌을 받았다. 그날 밤 그는 시를 한 편 썼다. 그 시가 우리가 즐겨 부르는 '죄 짐 맡은 우리 구주' 라는 찬송이다.

"죄 짐 맡은 우리 구주 어찌 좋은 친군지 걱정 근심 무거운 짐
우리 주께 맡기세 주께 고함 없는 고로 복을 얻지 못하네
사람들이 어찌하여 아뢸 줄을 모를까"

우리는 시험 걱정 모든 괴로움이 있어도 낙심하지 말고 기도해야 한다. 그때 주님께서 우리에게 평안을 주시고 걱정에서 지

켜주실 것이다.

걱정에서 회복되는 길

집이나 빌딩에 화재가 났을 때 그 불 자체보다도 무서운 것이 연기이다. 연기 때문에 질식하여 많은 희생자가 생기기도 한다. 우리의 삶에도 수고하고 무거운 짐, 괴로운 일 자체보다도 그 짐이나 일로 인하여 생기는 근심, 걱정, 불안, 초조, 절망 등이 마음에 파탄을 가져온다. 이런 걱정을 회복하는 길은 무엇인가?

1. 근심, 걱정은 백해무익하다는 것을 알아야 회복된다.

염려와 근심은 담배와도 같다. 아무 도움도 우리에게 주지 못한다. 염려, 근심 한다고 살 사람이 못 살게 되는 것도 아니고, 늙은 사람이 젊어지지도 않고, 병든 사람이 낫는 것도 아니고, 죽을 사람이 안 죽을 수도 없는 것이 아니다.

노만 빈센트 필 박사는 "사람이 걱정하는 일 중에서 실제로 일어나지 않은 일에 대한 걱정이 40%, 이미 지나간 일에 대한 걱정이 30%, 별로 중요하지 않은 일에 대한 걱정이 26%, 우리 힘으로 어찌할 수 없는 일에 대한 걱정이 4%"라고 말했다. 다시 말하면, 우리가 하는 염려, 근심의 96%는 실제로 안 일어난다는 것이다. 우리에게 일어나는 일은 불과 4%밖에 안 되는데, 염려, 근심한다고 조금도 변화시킬 수 없는 것이다.

영국의 아더 랭크라는 실업가는 항상 사업에 대한 고민과 걱정으로 불안했다. 그러던 중 염려, 근심에서 벗어나서 살 수 없을까 생각을 하다가 좋은 묘안이 떠올랐다. '월요일부터 주일까지 내내 염려, 근심 하지 말고, 중간인 수요일 하루 한꺼번에 모아서 하루 종일 염려, 근심을 하자.' 그래서 월요일부터 생겨난 염려, 근심은 전부 적어가지고서 〈염려, 근심함〉에 집어넣었다. 또 목, 금, 토, 일요일 날까지의 근심, 걱정도 적어서 근심함에 넣고 수요일에 함을 열어서 하나하나 읽으면서 근심을 했다.

그런데 실제로 염려, 근심 하던 것이 며칠이 지나고 난 다음에는 대체로 해결되었든지 별로 중요치 않든지 큰 문제가 아니라는 것을 발견하게 되었다. 결국에 아더 랭크는 "염려, 근심하는 것이 실제로 세월이 지나고 보면 무서운 것도 아니고, 중대한 것도 아니고, 해결할 수 없는 것도 아니구나"라는 것을 알고 염려, 근심을 그쳤다고 한다.

2. 염려를 극복하기 위해선 주님께 맡겨야 된다.

마틴 루터는 종교개혁을 일으킨 이후에 늘 극도의 염려와 정신적인 고통을 당했다. 왜냐하면 일개 신부가 유럽을 장악하고 있는 교황청을 향하여 종교개혁을 일으켰으니 어마어마한 압력을 받았기 때문이다. 그러던 어느 날 우연히 먹이를 먹고 나뭇가지에서 편안하게 자고 있는 작은 새 한 마리를 보고 크게 깨달았다. '저 작은 새는 내일 아침 먹을 것에 대해서도 내일 밤 잠자리에 대해서도 아무 걱정이 없구나! 새조차도 하나님께 모든 것을 맡기고 아무 염려 없이 자고 있는데 왜 나는 그토록 많은 걱정을 했을까? 작은 새 한 마리를 돌보신다면 하나님께서 당신의 자녀를 얼마나 아끼고 보호하시겠는가!' 이후 루터는 자신도 그 작은 새처럼 하나님을 믿고 모든 염려를 하나님께 맡기기로 결심을 했다. 그렇게 마틴 루터는 하나님께 모든 것을 맡기고 용기와 힘을 얻어 교황청을 상대로 싸워 이김으로 종교개혁을 이룰 수 있었던 것이다.

"수고하고 무거운 짐 진 자들아 다 내게로 오라 내가 너희를 쉬게 하리라"(마 11:28)

"네 짐을 여호와께 맡기라 그가 너를 붙드시고 의인의 요동함을 영원히 허락하지 아니하시리로다"(시 55:22)

3. 범사에 감사하면 회복된다.

일이 잘 풀릴 땐 좋아만 하지 말고 빨리 하나님께 감사부터 해야 한다. 또한 일이 잘 안 풀릴 때에도 낙심하지 말고, 모든 것이 합력하여 선을 이루어주실 하나님을 믿고 더 좋게 될 것으로 기대하며 미리 감사하면 회복된다(롬 8:28).

4. 늘 하나님의 말씀을 읽고 묵상하면 회복된다.

항상 하나님의 말씀이 기억나고 떠오르게 하는 것이다. 왜 기독교인들이 불신자들처럼 사는 이들이 많은가 살펴보면, 하나님을 잊어버리고 살기 때문이다. 눈에 안 보인다고 마치 하나님을 없는 것처럼 생각하기 때문이다. 하나님을 잊어버리지 말고 언제나 기억하면서 살아간다면 걱정에서 자유하게 될 것이다.

성숙한 신앙인은 무엇으로 알 수 있는가?

'탐구(Search)' 라는 이름을 가진 종교연구소가 연구발표를 했다. 많은 기독교인의 체험적 응답을 통하여 통계를 뽑은 것이다. 주제는 '성숙한 신앙인은 무엇으로 알 수 있는가?' 였다. 결과는 8가지로 요약되었는데 다음과 같다.

첫째, 하나님의 구원하시는 은혜를 확실히 믿는 사람.

둘째, 예수님이 항상 곁에 계심을 믿어 마음에 평안이 있고 감사하는 사람.

셋째, 가정, 직장, 사회에서 신앙과 생활이 일치하는 사람.

넷째, 기도, 성경연구, 예배 참석을 하고 영적 성장을 위해 계속 노력하는 사람,

다섯째, 신앙공동체 속에 들어가 동료의 영적 성장을 위해 애쓰는 사람.

여섯째, 인종, 성별, 계급을 초월하여 이웃의 행복을 위해 책임감을 갖고 노력하는 사람.

일곱째, 사회 정의를 위하여 사명감을 갖고 노력하는 사람.

여덟째, 사랑으로 인간을 섬기는 것을 삶의 목적으로 삼은 사람.

이런 사람들이 성숙한 신앙인들이다. 재미있는 것은 8가지

항목 중에 절반은 신앙생활에 관련한 것이고, 절반은 사랑의 실천에 관련한 것이다. 성숙한 신앙인은 하나님과의 관계에 있어서 올바르며 아울러 이웃과의 관계를 잘해야 한다.

마음의 회복

여호와는 마음이 상한 자를 가까이 하시고 충심으로 통회하는 자를 구원하시는도다
(시 34:18)

클레오파트라(Cleopatra)와 사랑에 빠졌던 로마의 율리우스 씨저(Julius Caesar)가 가장 신임하고 믿었던 부르터스의 칼을 맞고 쓰러지면서 외친 말이 있다.

"부르터스! 네가 나를, 네가 나를!"

정적(政敵)으로 변한 친구의 칼에 쓰러지며 씨저가 느낀 감정은 배신의 아픔이었을 것이다. 이런 배신의 아픔으로 씨저는 마음의 상처를 입었던 것이다.

상처가 많은 사람은 자신이 타인을 통해서 받은 상처만 생각하고 있지, 어떻게 그 상처를 치유해야 하는지를 모르고 있다. 이것은 상처를 받아만 보았을 뿐 상처를 치유 받고 건강해졌다는 사람들을 만나보지 못했기 때문이다. 그래서 치유가 필요하고 회복이 필요하다.

사람들은 지나온 시간의 흐름과 성장 속에서 수많은 상처를 받고 자라왔다. 특히 가난한 시절에 태어난 사람들은 좋은 환경 속에서 태어난 사람보다 상처가 더 많다. 환경도 열악할 뿐만 아니라 부모님들이 먹고 살기 바빴기 때문에 입에서 나오는 대로 '채신머리없는 놈, 빌어먹을 놈, 염병할 놈, 칠뜨기 같은 놈, 후레아들 놈, 경을 칠 놈, 육실할 놈, 주리를 틀 놈, 개차반' 등 온갖 욕을 했다.

오래 전 이러한 상처를 받고 자란 부모가 자기가 낳은 자식에게 그 상처를 그대로 물려 준 사건이 있었다. 2000년 5월 25일, 명문대에 다니는 한 대학생이 자기 어머니와 아버지를 살해해서 시체를 토막 내 버린 사건이다. 아버지는 군인 출신이었고, 어머니는 대통령 영부인을 꿈꾸는 명문여대 출신이었다. 어머니는 주위에서 신앙이 독실한 여인이었다. 이 아들은 눈에 비친 어머니의 모습을 일기장에 기록해 놓았다.

"시계 보는 법 맞으며 배운 것(유치원 때),
운동화 끈 리본 못 묶는다고 맞고 운 것(초등학교 때),
새 컬러 TV 조정 스위치를 없앴다고 맞은 일,
대변 검사하는 것을 이야기하지 않았다고 밤중에 쫓겨날 뻔한 일,

초등학교 3학년, 밥 늦게 먹는다고 젓가락을 던진 일,
유리창 금가게 했다고 초등학교 4학년 때 다리에 피멍이 들도록 맞은 일,
무슨 영문인지 모르고 맞은 일,
초등학교 3학년, 책가방에 동화책이 있다고 형과 비교해 혼난 일,
초등학교 4학년, 무릎 꿇고 잠언 등 성경 낭독한 것,
초등학교 3학년, 전화 받은 것 전달도 못한다고 즉흥적으로 구타한 일,
초등학교 후반, 중고등학교 전반, 따귀, 손바닥 맞은 일,
○○고등학교도 못 갈 거라며 형과 비교해 문책 받은 일,
키가 작아서 사회생활 하기 힘들 것이라는 모욕적인 발언을 한 일,
고3, 집안 형제들과 비교하여 인격적 모독… 현재까지…."

이 아이는 이런 상처 때문에 자기 어머니를 살해하고 그 시신 앞에서 이렇게 말했다고 한다.

"엄마! 미안하다고 말하기가 그렇게 힘들었나요? 미안하다는 말 한마디만 해주셨더라면… 그 말 한마디만 들었더라면…."

어쩌면 이 어머니도 피해자라고 할 수 있다. 무남독녀 외동딸로 자라나 영부인이 되겠다고 꿈을 꾸었다. 그리고 군인과 결혼하였다. 결혼 이후에 그 꿈을 접게 되자 좌절된 꿈을 그 아들이 이뤄주기를 기대했던 것이다. 그러나 아들이 기대에 못 미칠 때

마다 자기도 모르게 화가 났고, 자신도 모르게 미웠던 것이다. 결국 그것이 자신을 죽이고, 자기 아들마저 죽게 한 것이다.

이 어머니는 명문대학교를 나왔고 하나님을 믿는 사람이었지만, 자기 안에 있는 상처 때문에 하나님의 말씀대로 그 자녀를 양육하지 못했던 것이다.

그 어머니는 하나님의 말씀과 방법이 자기에게 주어질 때 그 말씀대로 택한 것이 아니었다. 자기 마음속에 상처와 한을 가지고 자기가 생각한 대로 자녀를 대했고, 자기 인생을 대했다. 곧 그것이 자기에게도 남에게도 상처를 줄 수밖에 없었다.

이처럼 한번 받은 상처는 어떤 동기가 부여되기까지는 잠재해 있다가 자신의 어린 시절 또는 자신이 당한 상처의 비슷한 문제가 나올 때 지신도 모르게 터지고 만다.

교회 분쟁을 깊이 연구해 온 맥스웨인(McSwain) 교수는 교회 갈등이나 분쟁의 원인을 찾으려면, 분쟁의 주요인으로 등장되고 있는 문제, 그 자체보다는 분쟁에 참여하고 있는 사람들의 위기 상황과 그로 인해 생기는 위기심에서 찾으라고 말한다. 그러면서 맥스웨인 교수는 개인의 갈등이나 교회의 분쟁이나 갈등을 해결하려면 "먼저 그들 자신들의 위기에서 얻은 상처를 치유하고 난 다음에 문제를 처리해야 한다"고 했다.

서울 시내 한 교회에서 있었던 일이다. 담임목사를 청빙하는 일에 있어서 교회가 두 부류로 나뉘어졌다. 한 부류는 현재 부목사로 있는 분을 담임목사로 모셔야 한다는 사람들로 이루어졌고, 다른 부류는 교회의 영적 쇄신을 위해서 새로운 분을 모셔

와서 교회를 성장시키자는 사람들이었다. 양 쪽 다 모두 이치에 맞는 말이다. 그렇지만 이 두 부류는 자기들의 생각을 끝내 굽히지 않고 평행선을 긋고 있었다.

교회는 이 일로 당회, 제직회, 성도들까지도 모두다 두 패로 나뉘어졌다. 이것을 안타깝게 생각한 한 원로 장로는 교회가 이래서는 안 되겠다는 생각을 가지고 화합의 모임을 주선했다. 그러나 이미 상처를 받은 사람들이 서로의 생각을 굽히지 않았다. 그러다 격한 감정이 일어나자 장로 한 분이 폭탄 발언을 했다. 이 일로 몇 분의 장로들이 교회를 떠났고 교회는 어렵게 외부에서 담임목사를 청빙해 왔다. 그런데 문제의 폭탄 발언을 한 장로는 군인 출신이었다. 그 장로는 교회에서 회의를 진행할 때도 6.25 때 참전 용사답게 폭탄 발언을 자주해서 사람들이 두려워했다. 이 분이 교회에서 폭탄 발언을 한 것은 그분의 마음이 착하지 않았기 때문이 아니라 그분 안에 잠재해 있던 상처가 어떤 사건과 만나면 그 상처가 지신도 모르게 뛰쳐나오기 때문이었다.

상처의 특징

상처를 받으면 다음과 같은 특징이 있다.

첫째, 상처는 한번 받으면 그것이 치유되기 전까지 없어지지 않고 그대로 남아서 조금씩 자라게 된다는 사실이다.

마음의 상처는 세월이 약이라는 말이 해당되지 않는다.

어느 가정에서 있었던 일이다. 외도를 했지만 가정에 돌아와서 성실하게 가장의 역할을 하는 남편이 있었다. 그런데 그의 아내는 7년이 훨씬 지난 지금도, 남편의 과거를 조금도 잊지 않고 작은 충돌 속에서도 그 문제를 생각만 하면 서러워서 울고 있었다. 그것은 남편이 외도할 때 말 못하는 고통의 시간을 혼자 신음하면서 보내야만 했기 때문이다.

이 부인에게 있어서 남편의 외도는 세월이 지나가면 상처를 잊게 한 것 같지만, 그렇지 않고 계속 상처가 자라왔던 것이다. 그래서 지금도 남편이 외도했던 때를 생각하면 복수하고 싶다는 생각을 하고 있다. 이것이 상처이다.

둘째, 상처는 우리의 기쁨과 자유를 박탈한 채 마음을 계속 지배하고 있는 존재라는 점이다.

누구든지 과거를 과거로 돌려보내지 못하면 기쁨이 없다. 그 이유는 오늘의 행복 속에 살면서도 자신의 삶을 지배하고 있는 것은 과거의 흔적이기 때문이다.

국제결혼을 한 여인의 이야기가 있다. 한 여인이 동두천에서 남편을 만나 결혼을 하여 미국에 왔다. 미국에 오자 남편은 마음이 변하기 시작했고, 그녀는 버림받은 몸이 되었다. 너무나 상심하던 끝에 몸이 병들어 위궤양, 불면증, 위장병 등이 겹쳐 삶의 의욕까지 잃게 되었다. 절망에 빠진 그녀는 자신이 살던 농장에 들어가서 자살을 시도하였으나 그것도 밧줄이 끊어져서 실패하였다. 자살의 실패에서 한숨 쉬고 있을 때에 고향에 계시는 어머니의 이름을 불렀다. 그때 어린 시절 어머니의 손을 잡고 주일학교를 가던 생각이 섬광처럼 지나갔다 .

친정어머니를 부르며 한없이 울다가 어린 시절 시골에서 어머니 손을 잡고 교회 다니던 시절이 기억나서 다시 울었다. 그 순간 천정으로부터 강력한 빛이 자기 품 안으로 비쳐오면서 하나님의 음성이 들려 왔다.

"딸아, 다 너를 버릴지라도 나는 너와 함께 있느니라."

이 음성을 들은 순간부터 마음에 기쁨이 넘쳐나 새로운 용기를 얻게 되었다. 그리고 건강이 하루가 다르게 회복되어 갔다. 그때부터 남편을 미워했던 마음이 사라지고 사랑하고 싶은 마음이 생겨났다. 그 후에 몇 날이 못 되어서 남편이 회개하고 가정으로 돌아오게 되었다.

누구나 상처가 있다. 문제는 가슴 아픈 상처를 어떻게 치유하고 회복하느냐 하는 것이다. 치유와 회복은 하늘로부터 임하는 성령의 광선이 임할 때 가능하다. "그가 내게 대답하여 이르되 여호와께서 스룹바벨에게 하신 말씀이 이러하니라 만군의 여호와께서 말씀하시되 이는 힘으로 되지 아니하며 능력으로 되지 아니하고 오직 나의 영으로 되느니라" (슥 4:6)

셋째, 상처는 인간관계를 파괴해 버린다.

사람이 상처가 많으면 그 감정이 부정적인 반작용으로 과잉반응을 일으키거나 움츠리게 하여 사회생활을 힘들게 하고, 사람과 사람 사이의 관계를 어렵게 만들어 버리는 내성을 가진다.

미국에 C.I.T라는 카네기 공과대학이 있다. 이곳에서 인생살이에 실패한 사람들, 직장, 가정, 사회생활에 실패한 사람들 만 명을 표본 조사하여 연구해 보았다. 이들이 실패한 이유가 무엇일까? 연구하기 전에 일반적으로 지식이 없어서, 기술이 부족해서, 혹은 능력이 없어서 실패할 것이라고 생각을 하고 조사했는데, "아니오"라는 전혀 다른 결과가 나왔다.

전문적 기술과 지식이 결여되어서 실패한 사람은 15%밖에 없었고, 85%가 인간관계에서 실패한 것이었다. 사람이 지식이 부족해서, 자본이 부족해서 잘못되는 줄 알고 있지만 그것은 아니다. 사람들이 실패하는 가장 큰 이유는 85%가 인간관계에 문제가 있기 때문이다.

그러면 도대체 인간관계란 무엇일까? 추적해 보니까, 실패한 사람들은 한결같이 부정적 의식, 부정적 생활자세(Negative Mental Attitude)를 가지고 있었다. 그러나 반대로 성공한 사람들은 공통적으로 긍정적인 생각을 했다. 부정적인 사고가 사물과 인식에 대한 평가를 나쁘게 만들어서 성공적인 삶을 살 수 없게 만들기 때문이다.

넷째, 상처는 유전된다는 것이다.

우리 육체는 부모로부터 체질, 혈액형, 외모, 신체적 조건 등이 유전된다. 그런데 이 유전은 육체에 국한되지 않고 마음에도 정신적인 것에도, 영적인 것에도 적용된다. 그 이유는 부모로부터 학습된 생활이 전달되기 때문이다. 그 대표적인 예가 성경에 나오는 거짓말이다. 아브라함이 애굽에 내려갔을 때 바로 왕에게 아내를 누이라고 거짓말을 했다. 이삭도 아비멜렉 왕 앞에서 자기 부인을 누이라고 거짓말을 했다.

이 가정에 거짓말이 내려오는 것을 볼 수 있다. 그러다 야곱도 아버지를 속이고 축복을 받았다. 야곱의 아들들 또한 아버지 야곱에게 요셉이 짐승에게 죽었다고 거짓말을 한 것이다. 이처럼 상처를 그대로 두면 상처가 자녀들에게 뿐만 아니라 함께 사는 가족과 이웃에게도 영향을 준다는 사실이다.

다섯째, 상처는 마음의 문제뿐 아니라 육체와 영적인 문제의 원인이 된다.

마음의 상처가 있는 사람은 위장이나 눈에 어둠의 그늘이 나타나 있고, 정신적으로는 신경증의 증세와 영적으로는 하나님과의 관계가 어두운 그림자로 표출되게 되어 있다.

리차드 칼슨(Richard Carson) 박사가 쓴 《사람은 사소한 일에도 상처를 입는다》라는 책을 보면 사람의 관계를 인간관계라고 표현하고 있다. 좁혀서 말하면 사람의 관계는 두 사람의 관계이다. 더구나 부부간의 관계라는 것은 두 인격의 만남이다.

이 책에서 리차드 칼슨 박사는 100가지 처방을 내놓았다. 우리가 사소한 일에 부딪치지 않으려면 100가지 처방 중에 99번째가 "처음처럼 행동하라"고 소개하고 있다. 이처럼 마음에 상처가 있는 사람을 대할 때나, 무슨 일을 할 때에 아마추어 정신, 즉 처음하는 것처럼 하라는 것이다. 그때 마음의 상처를 받지 않고 자신감 있게 할 수 있기 때문이다.

여섯째, 상처는 마음 한 구석에 생겼다 할지라도 마음 전체를 깨뜨려 버린다.

종종 사람들은 마음을 유리에 자주 비유한다. 그것은 마음 어느 부분이든 상처를 받으면 그 부분만 상하는 것이 아니라, 마음 전체가 상하게 되기 때문이다. 마치 어머니들이 아이 네 명을 기르다가 아들 하나를 잃어버리면 한 아들을 잃은 슬픔만 느끼는 것이 아니라, 모든 아들을 잃어버린 충격과 상처를 받는 것과 같다. 그만큼 민감하고 파장이 크기 때문에 상처는 수치심과 좌절감, 그리고 모멸감 등의 감정을 수반하면서 분노를 발생시킨다. 또한 상처는 상실, 갈등, 계획의 좌절, 인격적인 관계 상실로 어려움을 일으킨다. 그래서 상처는 마음 한 부분이 받는 것이 아니라 인격 전체를 힘들게 하는 것이다.

영국 황실 아카데미의 유명한 바이올리니스트인 피터 구르퍼라고 하는 사람이 있었다. 그도 모든 바이올리니스트들의 일생 소원인 스트라디벨리우스라는 사람이 만든 바이올린으로 연주해보기를 소원했지만 기회가 그에게 오지 않았다.

그러던 어느 날 258년 전에 스트라디벨리우스가 만든 바이올린을 가지고 핀란드에 가서 연주할 수 있는 행운이 찾아왔다. 그는 자기에게 찾아온 행운 때문에 흥분한 나머지 스트라디벨리우스의 바이올린을 안고서 길을 가다가 그만 넘어지는 바람에 그 바이올린이 깨지고 말았다.

힘겹게 얻은 기회를 놓치고 말았기에 낙심과 함께 절망하고 있었다. 그러던 어느 날 용기를 내서 혹시 바이올린을 고치는 사람이 있을까 하는 생각을 가지고 악기점에 들러서 물었다. 그때 천재일우의 기회로 악기를 손질하는 장인을 만날 수 있었다. 실망 가운데 있는 피터 구르퍼에게는 행운이었다.

바이올린을 손질하는 장인은 깨어진 바이올린을 보면서 "내가 그 악기를 고쳐보겠다"고 하였다. 그리고 며칠 후 그 장인은 깨어진 바이올린을 감쪽같이 수리하여 주었다. 그리하여 디피터 구르퍼는 장인이 고친 바이올린을 가지고 연주하게 되었는데, 오히려 전보다 더 아름다운 소리가 나서 더 큰 찬사를 받았다고 한다.

이 이야기는 깨어진 심령을 어떻게 치유를 받아야 하는가를 보여주는 사례라고 할 수 있다. 사람들은 모두 마음과 생각, 육체로 인해서 상처를 받는다. 하지만 주님의 사랑의 손길을 통해서 고침을 받고 온전하게 된다면 과거보다 더 귀한 존재로 건강하게 살 수 있다.

이사야 53장 4절에 보면 예수님을 우리의 질고와 슬픔을 치유해 주시는 분으로 소개하고 있다. 예수님은 그 누구보다도 간고를 많이 겪으신 분이시기에 우리의 질고를 잘 아시는 분이시다. 그러기 때문에 예수님은 우리의 질고를 지실 수 있고, 우리의 슬픔을 담당하실 수 있는 것이다. 예수님이 우리의 질고를 치유하시기 위해서 십자가에서 머리는 가시에 찔리시고, 양손과 양발은 못에 상하셨으며, 옆구리가 창에 찔리셨다. 그 이유는 모두 우리를 치유하시기 위함이다.

우리의 질병을 아시고 그 질병을 친히 담당하신 분이 예수님이다. 예수님은 병든 자에게 각별한 관심을 갖고 계셨기에 병든 자를 친히 찾아 가셔서 치유해 주셨다. 병든 자의 고독은 상처의 아픔보다 더 무서운 적이다. 우리는 질병으로 고생할 때 주저하지 말고 예수님을 찾아야 한다. 예수님은 누구보다도 우리의 고통을 가장 잘 아시고 이해하시는 분이시기 때문이다. 이사야 선지자는 이렇게 예언하였다. "그가 찔림은 우리의 허물 때문이요 그가 상함은 우리의 죄악 때문이라 그가 징계를 받으므로 우리는 평화를 누리고 그가 채찍에 맞으므로 우리는 나음을 받았도다." 예수님은 우리의 영혼의 질병을 치유해 주시는 분이시다.

회복을 위한 용서의 길

사람은 질병이나 마음의 상처를 받으면 치유를 받아야 건강하게 살 수 있다. 우리가 건강하게 살기 위해서는 용서가 기초가 되어야 한다. 그러면 어떻게 용서해야 하는가를 살펴보자.

1. 용서는 횟수가 아니고 태도이다.

용서에 관한 교훈은 베드로가 "형제가 잘못할 때에 몇 번 용서해주어야 하느냐"라는 질문에서 시작이 된다. 당시 랍비는 세 번까지는 용서해주지만 그 다음부터는 용서하지 말라고 가르쳤다. 사실 한 번의 실수도 용서하지 못하는 우리에 비하면 세 번까지 용서하는 것은 잘하는 것이다. 그러나 베드로는 하나님이 원하시는 공동체는 바리새인들보다는 더 용서해야 한다고 생각하여 일곱 번이면 충분한 것으로 보았다.

이때 예수님께서는 의외의 말씀을 하셨다. 70번씩 7번이라도 용서하라는 것이다. 예수님이 70번씩 7번이라고 말씀하실 때에는 490번을 용서하고 491번째에는 용서하지 말라는 의미가 아니다. 예수님께서는 용서의 횟수에 관심이 있는 것이 아니라 태도에 관심을 가지고 계신 것이다. 용서는 하나님 백성의 삶에 기초를 둘 때 진정한 회복이 이루어지기 때문이다.

2. 용서는 자유를 주기 때문에 회복해야 한다.

하나님 백성의 삶의 특징은 자유이다. 그렇지만 용서를 하지 않으면 자유를 상실한다. 자신이 용서하지 못하고 살면 미워하는 사람의 상처의 지배를 받고 살아야 하기 때문이다. 만약 자신이 용서하지 못하는 사람이 있으면, 생각이 머리를 떠나지를 않고 그것이 나를 지배하고, 삶 전체를 지배한다.

결국 용서가 없을 때 아픔이 상처로 나타나서 자신을 괴롭히기 때문이다. 이뿐 아니라 용서하지 않으면 다른 사람을 용서하지 못하기에 봉사를 할 수도 없다. 하나님 백성의 삶은 자유스러워야 하는데 용서하지 못하면 자신을 올무에 매여 놓게 만들기 때문에 용서해야 회복이 찾아오게 된다.

3. 형제를 용서하지 않으면 자신도 용서받지 못하기 때문이다.

달란트 비유 가운데 어느 왕에게 1만 달란트 빚을 진 사람이 있었다. 한 달란트가 노동자 15년 임금에 해당하니까 2만 불로

쳐도 1만 달란트는 2억 달러가 된다. 그 당시에는 세금을 걷을 때에 입찰을 하도록 해서 낙찰을 받은 사람이 세금을 거두어 약속한 만큼만 왕에게 보내고 나머지는 자기 수수료로 챙겼다. 아마 이 비유는 흉년이 들었거나 다른 어떠한 이유로 약속한 액수를 바치지 못한 사람을 염두에 두고 말씀하신 것 같다.

이때에 왕은 아내와 자녀들을 다 팔아서 빚을 갚으라고 했다. 그렇지만 그만한 돈이 없었던 종은 조금 기다려 주면 다 갚겠다고 약속을 하였다. 사실 그 많은 돈은 일생을 벌어도 갚을 수 없는 액수였다. 하지만 너무나 상황이 급한 나머지 어떤 약속이라도 할 수밖에 없는 형편이었다. 이것을 보고 왕이 불쌍해서 탕감을 해주었다. 이 사람은 자신의 큰 빚을 탕감 받고 나가서 자신에게 백 데나리온 빚진 동료를 찾아가서 빚을 갚으라고 했다. 그 당시 한 데나리온이 노동자 하루 품삯이니 백 데나리온이면 약 석 달치 봉급이므로 작은 액수는 아니다. 이때에 그 동료가 시간을 달라고 간청을 했지만 그는 듣지 않고 고발해서 감옥에 넣었다.

예수님은 이 비유를 통해서 결론을 이렇게 내리셨다. 만약 누구든지 형제자매를 용서하지 않으면 하나님께서도 용서하지 않으신다는 것이다. 그러면 여기서 왜 형제를 용서해야 하는가? 용서하지 않으면 하나님으로부터 나의 죄도 용서받지 못하기 때문이다. 그러므로 진정 자신이 회복된 삶을 살기 위해서는 은전히 용서해 주어야 한다. 이러한 용서가 나를 자유케 하고 내 마음을 치유할 수 있기 때문이다. "모든 것이 하나님께로서 났으며 그가 그리스도로 말미암아 우리를 자기와 화목하게 하시고 또 우리에게 화목하게 하는 직분을 주셨으니"(고후 5:18).

'관계'를 소중히 여기는 것은 우리에게 아주 중요하다. 관계를 통해서 우리는 삶의 목적을 찾을 수 있을 뿐 아니라, 깊은 영적 성숙을 경험할 수 있기 때문이다.

관계를 통해서 마음의 상처를 회복하는 법

1. 사람에게 이야기하기 전에 하나님께 이야기하라.

하나님과 먼저 그 문제에 대해서 의논하라. 하나님은 기도를 통해서 우리의 마음을 바꾸시거나 상대방을 변화시켜 주신다. 관계를 놓고 기도한다면 반드시 그 관계는 원만해진다.

막힌 담을 허무시는 분은 하나님이시다. 하나님께서 일하실 때에 우리의 삶의 관계는 더 쉽게 변화될 수 있다. 온전치 못한 관계(싸움, 다툼)의 원인은 무엇인가? 우리가 관계를 위해서 기도하지 않기 때문이다.

"너희 중에 싸움이 어디로, 다툼이 어디로부터 나느냐 너희 지체 중에서 싸우는 정욕으로부터 나는 것이 아니냐 너희는 욕심을 내어도 얻지 못하여 살인하며 시기하여도 능히 취하지 못하므로 다투고 싸우는도다 너희가 얻지 못함은 구하지 아니하기 때문이요"(약 4:1~2).

2. 관계회복을 위해선 항상 먼저 다가가야 한다.

우리가 피해자이든 가해자이든 상관없다. 하나님은 우리가 먼저 움직이기를 기대하신다.

상처는 분노만 깊어지며, 문제가 더 심각해질 뿐이다. 갈등은 시간이 해결해 주지 않는다. 시간이 지나면 상처는 곪는다. 더 빠른 적극적인 행동으로 회복을 위해 노력해야 한다.

3. 감정에 공감하라.

"각각 자기 일을 돌볼뿐더러 또한 각각 다른 사람들의 일을 돌보아"(빌 2:4). 사실보다는 감정에 초점을 맞추어서 잘잘못을 가리기보다는 '공감'하는 것으로 시작해야 매듭이 풀리게 된다. 감정은 사람을 어리석게 만든다. 분노의 감정에 사로잡혀 있는 사람에게 이성적 설득은 무의미하다. 우선은 그의 분노가 누그러져야 한다. 그러기 위해서 공감해 주어야 한다.

4. 나에게도 잘못이 있음을 고백하라.

물론 당신 마음에도 자신이 피해자라는 생각에 상대방에게 모든 잘못을 돌리려고 할 수 있다. 그렇지만 기억하라. 손뼉은 마주쳐야 소리가 난다는 것을. 소리가 났다면 분명히 나의 잘못의 몫도 있다는 것을 알아야 한다.

5. 사람을 공격하지 말고 문제를 공격하라.

사람보다 문제에 초점을 맞춘다면 언어는 상당히 부드러워질 것이다. 단어 선택을 현명하게 하며 부드럽게 대답해야 한다. 이것이 가시 돋친 말보다는 언제나 낫다. "무릇 더러운 말은 너희 입 밖에도 내지 말고 오직 덕을 세우는 데 소용되는 대로 선한 말을 하여 듣는 자들에게 은혜를 끼치게 하라"(엡 4:29).

6. 할 수 있는 한 협력하라.

"할 수 있거든 너희로서는 모든 사람과 더불어 화목하라"(롬 12:18).

7. 해결이 아닌 화해를 강조하라.

모든 사람이 모든 것에 대해 동의할 것을 기대하는 것은 비현실적이다. 문제는 풀었지만 관계를 놓쳐버렸다면 그것은 성공한 것이 아니다. 문제는 풀지 못했다고 해도 관계가 되살아났다면 성공한 것이다. 화해에 초점을 맞추어야 한다. 똑같은 다이아몬드도 보는 각도에 따라서 다르게 보인다.

칼 메닝거(Karl Menniger)는 내 안에서 치유와 회복이 일어나기 위해서 "우리가 사랑에 빠지는 것이 아니라 우리는 사랑 안에서 자라고, 사랑이 우리 안에서 성장해야 한다"라고 말했다.

서로 사랑하는 말, 격려하는 말, 용서하는 말, 서로의 상처를 치료하는 말이 있어야 한다. 그때 적극적이고 긍정적인 말, 격려하는 말, 축복을 비는 말, 이것을 통해서 삶이 회복되기 때문이다. "주의 구원의 즐거움을 내게 회복시켜주시고 자원하는 심령을 주사 나를 붙드소서"(시 51:12).

묵·상·의·글

생각하고, 생각하지 말라

성 어거스틴(St. Augustinus)이 원숙한 신앙의 경지에 들어가기 전의 일이다. 그가 어느 날 꿈을 꾸었는데 자기가 죽어서 천국의 문 앞에 도착해 있었다. 천국의 문지기가 어거스틴에게 물었다.

"당신은 누구세요?"

"나는 진실한 크리스천입니다."

그러자 문지기가 단호하게 이렇게 말했다.

"당신은 크리스천이 아니다. 왜냐하면 당신의 머리와 생각에는 예수 그리스도의 말씀과 교훈으로 가득 차 있는 것이 아니라 철학자 키케로의 사상과 생각으로 가득 차 있기 때문이다."

이 말에 소스라치게 놀란 어거스틴은 꿈에서 깬 후 굳게 결심했다고 한다.

"나는 크리스천이다." 그런고로 "나는 크리스천답게 하나님의 말씀에 전념한다"고 생각했다. 왜냐하면 어떤 생각을 하든지 생각한 것을 말하게 되고, 행동하게 되며, 생각하는 대로 어떤 결과가 이루어지게 되기 때문이다. 그런데 불행하게도 많은 사람이 좋은 생각보다는 좋지 못한 생각을 더 많이 하며 살아가고 있다. 이로 말미암아 받게 되는 손해가 얼마나 큰지 모른다.

중년의 위기 회복

여호와여 내 기도를 들으시고 나의 부르짖음을 주께 상달하게 하소서
나의 괴로운 날에 주의 얼굴을 내게서 숨기지 마소서
주의 귀를 내게 기울이사 내가 부르짖는 날에 속히 내게 응답하소서
(시 102:1~2)

사람들은 중년의 시기를 경험적으로 원숙하고 경제적으로 안정된 인생의 황금기라고 말한다. 어떤 의미에서 보면 중년기는 안정을 찾아서 새로운 보람 속에서 여유를 가지고 매진해야 할 때이기 때문이다.

2008년 통계청에 따르면 33만 쌍이 결혼하고 119,982쌍이 이혼을 했다. 이는 3쌍 중 1쌍이 이혼을 했다는 증거이다. 미국, 영국 다음으로 한국이 세 번째로 이혼율이 높은 나라이다. 놀라운 것은 이혼을 한 부류가 결혼생활 15년 내외의 중년층이라는 사실이다. 그러니까 중년에 가장 많은 사람이 이혼하고 있는 것이다.

이뿐만 아니라 실업률이 제일 많을 때가 중년기이고, 40세 때 각종 질병으로 고생을 많이 하고, 또한 사망률이 제일 높은 때가 중년기이다.

1900년대까지만 해도 인간의 수명은 그렇게 길지 않았다. 1900년 남자는 평균 48세였고 여자는 51세였다. 그러나 지금은 평균 연령이 73세가 넘었다.

심리학자들은 중년기를 삼등분으로 나눈다.

1. 중년 초기(35~45세)

이 시기에는 가슴이 따뜻하고 친화적이며 내적 갈등과 외적 요구에 덜 지배를 받고 진지하게 사는 시기라고 말한다. 이때는 젊은 세대보다 조금 늙었지만 아직 중년이라고 부르기를 싫어한다.

2. 중년 중기(45~55세)

인생의 황금기이다. 사회적으로 경제적으로 안정을 유지하는 때이고, 자녀들도 독립하는 때이다. 성공한 사람들에게는 이 시기가 능력을 발휘하는 시기이지만, 실패한 사람들에게는 중년의 과업을 전혀 해결하지 못하는 시기이기도 하다.

3. 중년 후기(55~65세)

이 시기는 중년기를 끝내고 노년기를 준비하는 시기이다. 이때는 은퇴와 노후문제를 생각하고, 지금까지 살아온 길에 대해서 반성하며 해온 일을 완성하는 시기이다.

그래서 중년의 시기가 오면 3가지 변화가 일어난다.

중년에 오는 변화

1. 생물학적인 변화

정력이 떨어지고, 근육에 힘이 없고 체중이 변화하고, 또 머리가 빠지고, 노쇠하여져서 죽음이 가깝게 느껴진다. 몸과 마음이 자유롭지 못하고 급격한 몸의 변화가 감지되어서 정신적인 혼란이 자주 찾아온다. 종종 냉장고 문을 열고서는 내가 무엇 때문에 문을 열었는가 하고 그냥 닫고서 자리에 앉으면 그때서야 무엇 때문에 냉장고를 열었는지 깨닫게 된다. 이뿐 아니라 눈이 침침해서 잘 보이지 않는 시기이다.

2. 심리적인 변화

중년기를 제2의 사추기라고 부른다. 사춘기와 사추기는 유사성이 있다. 사춘기는 더 이상 아이도 아니고 아직 성인도 아니다. 여기에서 오는 정체감이 사추기이다. 그런데 중년기에도 이런 유사성이 나타난다. 중년기는 더 이상 청년도 아니고 그렇다고 노인도 아니다. 따라서 여기서 오는 정체감이 혼란으로 다가온다.

이때 무엇인가를 성취해 놓은 사람은 그래도 괜찮다. 그러나 아무것도 이루어 놓지 못한 사람은 좌절에 따른 불안과 두려움으로 자신감을 상실한다. 내가 누구를 위해서 지금까지 살아왔는가? 무엇 때문에 살아야 하는가를 생각하는 심리적인 변화가 심한 시기이다.

3. 생활의 변화

경제적으로 안정되어 있어 장래를 바라볼 때 두려움과 불안으로 인해서 자신감이 없다. 그렇다 보니 생활에 대한 혼란이 많이 찾아온다. 또 오랫동안 직장생활을 하다 보니 직장생활이 권태롭고 삶의 의미를 자꾸 상실해 나간다. 불만이 많아지고, 자기 자신에 대해서 스트레스를 많이 받고, 만성적인 질환으로 근심하고, 자기 통제력을 상실해 버린다. 이렇게 중년의 위기는 모든 사람에게 찾아온다.

시편의 저자는 중년의 위기 때 찾아온 문제를 가지고 하나님께 기도했다. 시편 102편 부제에 '고난 당한 자가 마음이 상하여 그의 근심을 여호와 앞에 토로하는 기도' 라고 기록되어 있다. 그는 자기의 처지를 이렇게 말한다. "내 날이 연기 같이 소멸하며, 내 뼈가 숯 같이 탔음이니이다."

믿었던 자신이 질병에 걸리자 극심한 외로움이 찾아오게 되고 식욕을 잃어버리고 먹지 못해 몸이 쇠해져서 마음과 육체가 마른 풀처럼 되어버릴 때 위기가 찾아 왔던 것이다.

중년의 위기

1. 인생의 허무감

중년의 때에 "사는 날은 짧고"라는 생각이 들면 그 마음에 허무감이 찾아온다. 이 시기에 인생의 허무감이 찾아오고 절망감이 찾아와 악화될 때에는 우울증에 빠진다.

오래 전 미국 할리우드 극장 앞에 갔을 때 마릴린 몬로의 사진을 보면서 '저렇게 예쁜 여인이 왜 자살을 했을까?' 생각해 본 적이 있다. 그녀는 돈도, 명성도, 인기도 있었다. 그 옛날 사람이지만 지금 보아도 마릴린 몬로는 예쁜 얼굴이다. 그녀는 출세와 명분이 있는 삶을 살 수 있음에도 불구하고 자살하고 말았다. 그는 마음에 허무감을 느끼는 순간 자신도 모르게 절망감에 빠지게 되자 의욕을 상실하고 자살하게 되었던 것이다. 이처럼 허무감은 중년의 위기 때 찾아온다.

2. 몸이 쇠진함

중년은 몸의 변화 때문에 위기를 느낀다. 힘은 없는데 살이 불어날 뿐 아니라 머리도 빠지고 정신적으로 허약해져서 위기를 느낀다.

중앙일보는 중년의 80%가 건강 염려증에 걸려 있다고 보도했다. 40, 50대 중년 남녀 10명 중 8명이 자신의 건강에 이상이 있다고 스스로 여기는 건강 염려증 환자라는 것이다. 이처럼 중년기는 몸의 소진을 많이 느끼는 때이다.

3. 인생의 고독감

중년에는 사막에 혼자 있는 당아새처럼, 또는 먹을 것 없는 부엉이처럼 홀로 있을 때, 자녀들이 모두 성장해서 부모의 도움이 필요하지 않고 자수성가 할 때 인생의 고독감을 느낀다.

뉴욕에서 카운슬링을 전문으로 하고 있는 상담실에 찾아오는 사람의 99%는 외로움이 있다고 지적하였다. 종교 뉴스지의 조사에 의하면 응답자의 80%가 자기는 외롭다고 고백하였다고 한다. 알코올, 환각제, 과식, 정신질환들이 고독에서 오는 부산물이라는 것은 이미 상식이 되어 있다. 의사들은 불면증, 현기증, 위장 장애, 두통, 심지어 감기까지 그 깊은 원인을 외로움에서 찾아내고 있다.

4. 생존경쟁의 위기의식

중년에는 직장 문이 좁아지고 경쟁은 심해져서 삶의 위기를 느낀다.

1974년의 《생존》(Alive)이란 책이 베스트셀러가 되어서 많은 사람에게 읽혀졌다. 이 책의 내용은 1972년 10월 13일 우루과이의 몽떼비데오를 떠난 전세 비행기 페어챠일드 F 227기가 칠레의 싼디에고로 가던 중 악천후로 안데스 산맥에 추락했지만, 기적적으로 불시착을 했다. 양쪽 날개와 꼬리가 산봉우리에 부딪쳐 달아났으나 눈 덮인 산허리에 동체착륙을 한 것이다. 여기에는 15명의 아마추어 럭비 선수들과 응원단으로 따라가는 친구 25명, 그리고 승무원 5명 등 모두 45명이 탑승하고 있었다. 그중

더러는 불시착 때 즉사하고, 더러는 부상을 입고 산 위에서 죽어갔다. 눈 덮인 안데스 산맥은 전문가들도 꺼려하는 죽음의 계곡이다.

정부는 수색비행을 10일간 하고는 포기해 버렸다. 비행기에는 전혀 식량이 없었다. 청년들의 주머니 속에 몇 개의 과자가 있었는데 추위와 굶주림과 싸우면서 67일간을 끝까지 견디어 구출을 받은 것은 16명뿐이었다. 이들의 생명을 두 달 이상 유지시킨 것은 두말할 것도 없이 죽은 친구의 살이었다. 부상으로 여러 주간을 앓다가 산 위에서 죽은 니코리처 군이 아버지 앞으로 적은 메모에 이런 말이 있다.

"아버지도 전혀 믿기 어려우실 일이 여기에서 벌어졌습니다. 죽은 친구의 살을 쪼개내는 일입니다. 이것 이외에 다른 길은 없으니까요. 저도 이제 오래 살기 어렵다는 것을 알고 있습니다. 내가 죽은 뒤 나의 살이 친구들을 구원하게 되길 진심으로 바랍니다."

마치 생존 경쟁은 이런 것처럼 중년에는 살기 위해서 경쟁이 더욱더 절실하게 느껴지는 시기이다.

5. 인생의 종말을 예감

중년에는 임박한 죽음을 생각하게 된다. 우리나라 중년 남성의 사망률이 선진국의 2, 3배에 이르는 등 세계에서 가장 높은 수준임이 밝혀져 충격을 던져주고 있다.

서울대 보건대학원 이용만 씨가 UN인구통계연감을 바탕으로 세계 각국의 40, 50대 사망률을 조사한 결과, 한국남성들은 인구 1천 명당 40대 초반에 5.4명, 후반에 9.1명이 사망하며 50대 초반에는 12.5명, 후반에는 16.6명이 사망하는 것으로 나타났다. 이는 세계에서 가장 높은 것으로 알려진 남태평양의 후진국인 피지와 비슷한 수준이다. 또 일본에 비해서는 40대는 3배, 50대는 2배나 사망률이 높았고, 싱가포르와 비교하면 40대가 2배, 50대가 1.5배나 높은 수치이다. 스웨덴, 호주, 캐나다 등 사회보장 선진국과 비교 시는 무려 3배 이상 높은 것으로 나타났다. 남성뿐 아니고 여성들의 사망률도 인구 1천 명당 26.9명으로 남성만큼 높지는 않지만 세계에서 가장 높은 측에 들어가 있다고 밝혔다.

중년의 사망의 원인을 살펴보면 암과 뇌혈관질환으로 인한 것이 각기 1, 2위를 차지했고, 또 단독질환으로는 간암과 만성간질환이 가장 큰 사망원인이 되고 있다. 3위는 교통사고라고 보고하고 있다. 이렇게 중년의 위기를 알고 시인은 하나님 앞에 나와서 기도했다.

"여호와여 내 기도를 들으시고 나의 부르짖음을 주께 상달하게 하소서 나의 괴로운 날에 주의 얼굴을 내게서 숨기지 마소서 주의 귀를 내게 기울이사 내가 부르짖는 날에 속히 내게 응답하소서" (시 102:1~2)

중년의 위기 회복

1. 나 자신을 있는 그대로 받아들여야 한다.

사람은 누구든지 한계가 있어서 불완전하다. 그렇지만 오늘 나에게 찾아온 현실을 그대로 받아들일 줄 알아야 한다. 우리가 늙어가고 있다는 것 그대로 받아들여야 한다. 자연스럽게 받아들여야 내 삶이 더 나은 성숙의 삶을 살 수 있기 때문이다. 만약 자신을 받아들이지 않고 수용하지 못하면 착각 속에 살 수밖에 없다. 있는 그대로 받아들여야 하며 수용하고 인정해야 한다.

2. 우리의 주인 되신 예수 그리스도를 신뢰해야 한다.

사람은 자기 자신을 의심하면 의심할수록 자기 노예가 된다. 그러나 나를 의식하지 않고 주님을 의지하면 자유할 수 있다. 사실 사람은 중년기까지 나 자신을 많이 의지해 왔었다. 그래서 자기하고 싶은 대로 다 하면서 살아왔다. 그러다 중년이 오면 자기 뜻대로 되지 않는다. 그때 내 삶의 주인이신 예수님을 의지해야 한다. 내 삶의 예수 그리스도를 의지할 때 나는 새로워져서 주님을 신뢰하면서 살 수 있다. 이것이 중년을 극복할 수 있는 방법이다.

3. 경건생활을 함으로써 위기를 복으로 변화시켜야 한다.

중년은 시기적으로 바쁠 때이다. 그러나 그때일수록 더욱더 하나님께 나와서 기도해야 한다.

유명한 안소니 멜론 박사는 젊을 때에 "하나님, 세계를 변화시켜 주옵소서. 중년에는 내 이웃을 변화시켜 주옵소서. 노년에는 하나님이여 나를 변화시켜 주옵소서"라고 기도했다. 내가 변화될 때 위기를 복으로 변화시킬 수 있기 때문이다. 내가 변화되지 않으면 아무리 좋은 것이 와도 새로워질 수 없는 것이다.

4. 언제나 감사하는 삶을 살아야 한다.

언제나 긍정적으로 살아야 한다. 자기 내면의 이미지를 긍정적으로 생각하면서 살면 마음이 밝아지고 유쾌해 지기 때문이다.

성경에 중년기를 어리석게 넘긴 사람의 예는 사울 왕이다. 그는 40대에 왕이 되었으나 그의 나이 50세 이전에 중년의 위기가 찾아왔다. 블레셋의 침략으로 나라가 위태로울 때 다윗이라는 소년이 골리앗을 이김으로 그 위기를 극복하는 듯 보였다. 그러나 전쟁이 끝나고 수도로 귀환할 때 여인들이 길가에서 "사울이 죽인 자는 천천이요 다윗은 만만이다"라는 노래를 불렀을 때 사울 왕의 마음속에 시기가 일어났던 것이다. 저 어린 소년은 만만을 얻는데 왕인 자신은 천천의 영광을 얻자 열등감과 강박관념을 버리지 못하고 다윗을 시기하고 평생 다윗을 죽이는데 전력하게 된다. 결국 그는 열등감에 빠져서 다윗을 죽이려다 중년을 비극으로 마친 것이다.

그러나 이에 반해서 다윗은 중년기를 지혜롭게 넘겨서 승리할 수 있었다. 다윗에게도 중년의 위기가 찾아옴을 볼 수 있다.

사무엘하 11장 1절을 보면 그는 전쟁 중일 때 출전하지 않고 요압과 부하들만 내보냈다. 그는 낮잠을 자고 일어나 옥상에 나왔다가 보지 말아야 할 것을 보고 우발적인 죄를 범하게 되었다. 그 일로 그는 가정의 어려움을 겪었을 뿐만 아니라 많은 고통을 받게 되었다. 그렇지만 그 위기 속에서 철저히 회개기도를 통하여 하나님을 가까이 함으로 그의 삶이 새로워져 중년의 위기를 신앙으로 극복했던 것이다.

5. 삶의 목표를 재정립해야 한다.

중년에는 자기 자신의 삶을 재정립할 줄 알아야 한다. 지금까지 바른 목표를 설정하지 못했다면 다시 설정하고, 성경적인 세계관을 바탕으로 남은 생애를 보람 있게 보낼 수 있는 목표를 세워야 한다. 그럴 때 중년의 위기에 닥치는 문제를 최소화시키고 바른 목표를 향해서 나갈 수 있다.

중년을 행복하게 보내는 일곱 가지 비결

중년은 인생의 열매를 거두는 수확의 계절이다. 그러므로 중년을 행복하게 보내는 일곱 가지 비결을 소개한다.

① 인생의 계획을 세우라. 지나온 삶을 반추해보고 남은 삶의 목표를 설정하라.

② 질투심을 버려라. 중년의 불행은 대부분 질투와 비교의식에서 비롯된다.

③ 너무 서두르면 건강과 친구를 잃는다. 기대가 충족되지 않는다고 자주 화를 내면 외톨이가 된다.

④ 참견자가 되지 말고 후원자와 격려자가 되라.

⑤ 과거에 연연하지 말라. '왕년에…'로 시작되는 인생고백을 흥미 있게 들어줄 사람은 아무도 없다.

⑥ 감정을 솔직하게 표현하라. 위선과 거짓은 정신건강을 해치는 악성 바이러스다.

⑦ 아내를 부드럽게 보살펴라. 갱년기에 접어든 아내는 당신보다 더 우울해한다. 인생의 반려자를 행복하게 해주는 것이 곧 자신의 행복을 찾는 길이다.

중년의 십계명

제1은 "젊음을 투기하지 말라."

이는 중년의 많은 문제가 투기심에서 비롯되기 때문이다. 이 투기심을 극복하는 길은 자기 연령을 더 존중하는 것이다.

제2는 "남에게 기대지 말라."

아이들에게 호령하고 아내에게 잔소리하고 교회와 사회에서 어른 노릇하며 애쓰는 것은 생각의 내리막길을 재촉하는 것이다.

제3은 "고집 부리지 말라."

내 뜻은 굽힐 줄 모르고 남의 뜻을 경히 여기는 것은 자신감이 아니라 열등의식이다. 존중받는 중년은 언제나 그림자 같은 중년이다.

제4는 "넋두리하지 말자."

"나만큼 고생한 사람 나와 봐, 그런데 이게 결과야!" "나 만큼 공이 있는 사람 나와 봐. 그런데 이게 대가야!" 이것은 망령의 시초이다.

제5는 "척하지 말라."

외롭지 않은 척, 피로하지 않은 척, 미워하지 않은 척, 질투하지 않은 척 등 많은 '척'은 중년의 짐을 더 무겁게 한다.

제6은 "참견하지 말라."

참견보다는 후원하고, 간섭보다는 칭찬하고, 어린이는 용납하고, 젊은이는 이해하고, 노인은 받아들여야 한다.

제7은 "마음의 그늘을 버리라."

늙어갈수록 밝고 명랑해야 한다. 항상 환경과 사건을 긍정적으로 해석하고 잘 될 것이라는 희망 속에 살아야 한다.

제8은 "붙들고 있지 말라."

자기가 할 수 없는 일은 미련 없이 체념하고 손을 놓아야 한다. 실패와 쓰라린 기억도 빨리 잊어버려야 한다. 이것이 중년의 짐을 가볍게 하는 것이다.

제9는 "움켜쥐지 말라."

중년은 움켜 쥘 때가 아니라 보람 있게 정리할 때이다. 영혼의 가벼움을 준비할 때이다.

제10은 "큰소리치지 말라."

젊어서는 체력도, 기억력도, 순발력도 자랑했으나 중년의 때는 인간의 한계를 겸손히 수락할 때이다. 조용히 미소하며 우아하게 늙어야 한다.

약점의 회복

여러 계시를 받은 것이 지극히 크므로 너무 자만하지 않게 하시려고
내 육체에 가시 곧 사탄의 사자를 주셨으니 이는 나를 쳐서
너무 자만하지 않게 하려 하심이라(고후 12:7)

사람은 저마다 크고 작은 콤플렉스(complex)를 가지고 살아간다. 누구나 드러내고 싶지 않은 약점을 가지고 있다. 그것이 때로는 질병일 수도 있고, 학력일 수도 있고, 성격일 수도 있고, 신체적인 것이나 경제적인 것일 수도 있다. 이를 테면 돈 없는 것, 키가 작은 것, 시력이 안 좋은 것, 건강이 안 좋은 것, 외형적인 모습이 약점은 아니다. 그런데 우리는 이것을 약점이라고 생각하면서 살아간다.

사람의 심리는 자기 안에 핸디캡(handicap)이 있으면 몇 가지 특징이 나타난다.

첫째는 숨기고 싶어 한다. 자꾸 감추려하다 보니 노출을 꺼리고, 자기의 강점으로 숨기려고 한다. 둘째는 말하는 것을 꺼려한다. 약점에 관한 부분이 나오지 않도록 미리 방어한다. 말도 행동도 완벽하게 한다. 셋째는 매사에 자신이 없다. 자신의 어떤 약점 때문에 사람들 앞에 나서지를 못하고 능동적이지 못하고 피동적이다. 사람에게 약점은 결국 자기 자신을 무능하게 만들고 매사에 자신이 없는 생활을 하게 한다.

헬렌 켈러는 삼중고의 고통 때문에 힘들게 살았다. 에이브라함 링컨은 가정의 경제적인 어려움, 학력의 어려움 때문에 힘들게 살았다. 루즈벨트는 소아마비라는 핸디캡 때문에, 나폴레옹은 키 때문에, 히틀러는 적대감 때문에, 만델라는 흑인이라는 이유 때문에 힘들게 살았다. 그렇지만 이들은 모두 약점을 극복했던 인물들이다.

그 대표적인 사람이 빅터 프랭클(Victor Frankl)이라는 사람이다. 그는 유대인이라는 이유 때문에 독일의 아우슈비츠의 다카오호에서 2년 반 동안 많은 고생을 했다. 빅터 프랭클은 자기 동족 600만 명이 독일 나치들에게 고문을 받고 죽어가는 모습을 보았다. 그때 그가 깨달은 것은 사람이 고난을 당하는 것이 문제가 아니라 고난을 어떻게 받아들이느냐에 따라서 삶이 달라진다는 것이다. 같은 환경에서도 어떤 사람은 절망하여 죽는가 하면, 또 어떤 사람은 어려운 환경 속에서 극복하는 것을 보았다. 그는 같은 동료들과 함께 고문 받으면서도 역경을 이겨내는 것을 통해서 의미요법(logotherapy)이라는 이론을 발견한 것이다. 똑같은 고난, 똑같은 연약함에도 고난의 의미를 어떻게 생각하느냐에 따라서 그 인생이 달라지기 때문이다.

"아우슈비츠에 도착한 첫날 밤에 우리는 여러 층으로 이루어진 침상에서 잠을 잤다. 각 층(길이 6.5피트에 폭이 8피트인 곳이다)에 무려 9명이나 되는 사람들이 바닥 위에서 함께 잤다. 9명에게 배당된 담요는 단 두 장뿐이었다. 그래서 우리는 옆으로 누울 수밖에 없었고, 서로 몸을 꼭 붙인 채 비비면서 잠을 자야 했다. 날이 혹독하게 추웠기 때문에 이런 식으로 자는 것이 어느 정도 도움이 되기는 했다."(《죽음의 수용소에서》 빅터 E. 프랭클 이시형 역, 청아출판사).

《죽음의 수용소에서》는 빅터 프랭크 개인의 인간 승리를 뛰어넘은 그 무엇인지를 과학과 인도주의를 절묘하게 결합시켜서 유대인이라는 약함이 문제가 아니라 약함 속에도 자기 인생을 새롭게 극복하는 것이 중요하다는 것을 밝혔던 것이다. 그는 죽음의 수용소에서 약점을 극복하고 고향 스위스에 돌아와서 정신과 의사로 살 수 있었다. 문제는 약점을 극복하는 자세이다. 약점을 감추느냐, 아니면 약점을 극복하고 사느냐에 따라서 자신의 마음의 방향이 달라지기 때문이다.

사도 바울에게도 신체적인 약점이 있었다. 그 약점이 육체의 가시였다. 육체의 가시가 어떤 질병인지 알 수 없으나 이 질병 때문에 하나님 앞에 나가서 세 번씩이나 기도했다. 그러나 육체의 가시가 자기의 몸을 괴롭혀도 약점 때문에 부끄러워하지 않았다. 도리어 약점을 자랑하면서 하나님 앞에 더 가까이 나갔다. 이것이 신앙인들이 가져야 할 자세이다.

유대인의 지혜서인 《탈무드》에 보면 세상에는 약하지만 강한 자를 두렵게 하는 것이 있다. 모기는 사자를 괴롭힌다. 비록 사자는 동물의 왕이지만 조그마한 모기 때문에 몹시 괴로워한다. 또 거머리는 코끼리를 두렵게 한다. 코끼리는 덩치는 크지만 거머리 때문에 물리면 괴로워한다. 파리는 전갈을 두렵게 한다. 모기나 거머리나 파리는 작고 힘없는 미물이지만 크고 강한 것들을 괴롭히기도 하고 두렵게 만들기도 한다. 절대로 크다고 강한 것이 아니다. 커도 약함이 있다.

완벽한 사람은 없다. 겉으로 강한 것 같지만 누구든지 약점을 가지고 있다. 사도 바울도 우리가 보기에 완벽한 사람이고, 하나님 앞에 쓰임 받는 사람이었지만 그에게도 약점이 많았다. 역사학자 요세푸스에 의하면 바울의 키는 158센치였고, 대머리였으며, 얼굴은 추남이며, 다리는 안짱다리였다고 한다. 바울은 몸에 약점이 있었지만 자신이 가진 약점을 잘 극복하여 승리했던 것이다.

약점을 극복하는 방법

1. 기도를 통해서 극복해야 한다.

유대인들은 40일 금식기도 한 것을 한번 기도 한 것이라고 말한다. 바울 사도도 육체의 가시 때문에 세 번씩이나 금식기도를 했다. 그런데 기도에 대한 결과는 "내 은혜가 네게 족하다"는 말씀이다.

신앙생활을 하면서 어떤 일로 인해서 기도할 수 있다는 것은 복이다. 고난이 주는 유익이 여기에 있기 때문이다. 그 고난이 하나님께 나와서 기도하게 만들기 때문에 고난은 복이다. 반대로 그 고난이 기도하지 못하게 만들고, 더 시험 들게 하고, 우리의 영성을 빼앗아 간다면, 그 고난은 저주가 될 수밖에 없다. 만약 우리가 만난 고난을 통해 기도함으로 우리의 약점이 치유함을 받는다면 그것은 복이다. 이처럼 기도에는 치유의 능력이 있다. 우리의 문제가 산더미처럼 있다 할지라도 하나님께 맡기고 기도하면 우리의 심령이 위로 받고, 더 강하게 됨으로써 새로워지게 된다.

야고보서 5장 15절에 "믿음의 기도는 병든 자를 구원하리니 주께서 그를 일으키시리라"고 했다. 기도는 우리의 약점을 치유하는 능력이 있다. 내가 기도하기 위해서 엎드리면 하나님은 우리를 세워주시고 우리의 약함을 고쳐주신다. 그러므로 우리는 약함 때문에 하나님 앞에 엎드려야 한다.

건강의 약함 때문에 하나님 앞에 엎드려야 한다. 뼈아픈 실패를 당했더라도 하나님 앞에 엎드려야 한다. 자녀의 문제로 약해질 때마다 하나님 앞에 엎드려야 한다. 하나님 앞에 엎드릴 때 죽는 것 같고, 다 끝나는 것 같지만, 하나님 앞에 엎드리면 살게 하신다. 고린도후서 12장 9절에 "나에게 이르시기를 내 은혜가 네게 족하도다 이는 내 능력이 약한 데서 온전하여짐이라 하신지라 그러므로 도리어 크게 기뻐함으로 나의 여러 약한 것들에 대하여 자랑하리니 이는 그리스도의 능력으로 내게 머물게 하려 함이라"고 하였다. 이 말씀을 붙잡고 찬송하면서 위로함을 받아야 한다.

"뼈아픈 눈물을 흘릴 때와 쓰라린 맘으로 탄식할 때
주께서 그때도 같이 하사 언제나 나를 생각하시네.
언제나 주는 날 사랑하사 언제나 새 생명 주시나니
영광의 기약이 이르도록 언제나 주만 바라봅니다

내 몸의 약함을 아시는 주 못 고칠 질병이 아주 없네.
괴로운 날이나 기쁜 때나 언제나 나와 함께 계시네.
언제나 주는 날 사랑하사 언제나 새 생명 주시나니
영광의 기약이 이르도록 언제나 주 만 바라봅니다"

바울은 그 약함 때문에 기도의 응답을 받고 감사했다. "내가 교만해 질까봐 육체의 가시를 주셨다." 얼마나 겸손한 말인가? 하나님은 교만을 싫어하신다. 우리는 낮은 자처럼 오만한 자리에 앉지 않으며 하나님만을 신뢰하면서 살아야 한다.

2. 하나님의 능력으로 극복해야 된다.

하나님의 능력은 우리가 약할 때 병이 고침을 받고 문제가 해결된다. 이뿐 아니라 우리들의 영이 살고 하나님의 능력이 나타나는 것을 체험하게 된다. 이런 은혜는 우리가 엎드려 기도함으로 얻는 것이다. 그래서 겸손은 우리를 새롭게 한다. 이것이 치유의 은혜이다.

하나님의 능력은 우리가 약할 때 심령을 치유하신다. 우리가 약할 그 때가 하나님의 능력이 임하는 시기요 역사하시는 시기이다. 이때 바울 사도는 자기의 약함 때문에 두 가지를 자랑했다.

첫째는 약함을 자랑했다. 약한 것을 자랑하는 사람은 없다. 사람은 자기의 장점을 자랑한다. 좋은 점, 어떤 결과를 자랑한다. 그런데 바울이 자기 약점을 자랑한 것은 하나님의 능력이 약한 데서 온전케 되는 것을 알았기 때문이다. 그러므로 우리에게 찾아온 약점을 오히려 자랑거리가 되게 하기 위해서는 하나님 앞에 엎드려 기도해야 한다. 엎드려 기도할 때 자신을 신뢰하지 않고 하나님만을 의지할 수 있는 것이다.

둘째는 약점이 강점이 되게 해야 한다. 바울 사도가 약함 속에서 강한 이유는 주님의 은혜를 체험했기 때문이다. 누구든지 은혜의 체험이 내 안에 있으면, 그 약한 질병과 어떤 어려움이 있어도 그것은 결코 약함이 아니라 강함이다. 이 원리를 바울 사도는 알았기 때문에 기도한 것이다. 이 시간 약함이 있는가? 내 안에서 주님의 평안이 임할 때까지 기도해야 한다. 엎드린 만큼 강해지기 때문이다. 하나님은 우리가 약할 때 만나주신다. 그리고 문제를 해결해 주신다. 이뿐 아니라 우리를 강하게 하신다.

이제 약함의 회복방법을 살펴보자.

약함의 회복 방법

1. 하나님을 만나면 회복된다.

약한 자가 하나님을 만나면 강해진다. 믿음 없는 사람이 하나님을 만나면 신앙이 좋아진다. 병든 자가 질병 속에서 하나님을 만나면 삶이 새로워진다. 약함이 하나님을 만남으로 그 믿음을 강하게 만들기 때문이다. 누구든지 약할 때 하나님을 만나면 모든 문제가 치유되면서 회복되기 때문이다.

영국의 청교도 존 번연이 쓴 《천로역정》이라는 책이 쓰여진 배경이 있다. 존 번연이 열심히 복음을 전하다가 박해자들의 손에 붙잡혀 감옥에 갇혔다. 활동적인 성격의 소유자였던 그가 감옥에 갇혀서 무료하게 시간을 보내고 있으니 얼마나 답답했겠는가? 그래서 그는 간절한 마음으로 하나님께 기도했다.

"하나님, 저는 제 생명이 다하는 그날까지 열심히 복음을 전하다가 하나님 나라에 가고 싶습니다. 그러니 속히 제가 이곳을 나갈 수 있게 해 주시옵소서."

이렇게 그가 기도하는 가운데 세미한 하나님의 음성을 듣게 되었다. 고린도후서 12장 9절의 말씀이었다. "내 은혜가 네게 족하도다 이는 내 능력이 약한 데서 온전하여짐이라"

그는 이 말씀을 묵상하는 가운데 큰 은혜를 받았다. '그렇구나, 내가 비록 감옥에 갇혀 있다 할지라도 하나님은 나에게 변함없이 족한 은혜를 베풀고 계시는구나.' 이러한 사실을 깨닫자 지긋지긋하게 여겨졌던 감옥생활도 그에게는 천국처럼 여겨지게 되었다. 그는 감옥에서 장장 12년 동안 갇혀있었다. 그는 매일 하나님의 말씀을 깊이 묵상하는 가운데 하나님과 깊은 영적인 교제를 나눌 수 있었던 것이다. 이렇게 해서 쓰인 것이 《천로역정》이다.

2. 기도함으로 회복된다.

기도로 엎드리면 삶이 행복해진다. 이것이 하나님을 만난 자의 복이다. 하나님을 만난 사람은 모두 행복하다. 아브라함이 모리아 산에서 독자 이삭을 드리러 갔다가 하나님을 만나고 행복했다. 야곱이 얍복 나루터에서 하나님을 만나고 비록 다리는 절었지만 행복했다. 한나가 기도하다가 하나님을 만나고 응답을 받고 행복했다. 기도로 하나님을 만난 사람은 모두 행복했다. 누구든지 하나님을 만나면 기쁨을 얻고 행복해 지기 때문이다.

어느 어머니가 전쟁에 나간 아들의 전사통지서를 받았다. 어머니는 한참 동안 오열하다가 정신을 차리고 하나님께 이렇게 기도했다.

"하나님, 제발 아들의 얼굴을 한 번만 보게 해 주십시오. 5분만이라도 좋으니 내 아들의 모습을 한 번만 볼 수 있게 해 주십시오."

옆에서 기도를 듣던 한 사람이 물었다.

"그토록 죽은 아들의 얼굴을 보기 원하는데, 도대체 어떤 모습을 보기 원하십니까? 어렸을 때 재롱 피우던 모습을 보고 싶습니까? 아니면 학교에서 우등상 타고 왔을 때 아들의 자랑스러운 모습입니까? 아니면 군대에서 첫 휴가 나왔을 때 늠름한 구릿빛 얼굴의 아들의 모습입니까? 어떤 아들의 모습을 보고 싶습니까?"

그때 어머니는 말했다.

"지금 있는 그대로의 모습을 보고 싶습니다."

하나님은 지금 우리를 보고 싶어 하신다. 우리의 잘난 모습을 보기 원하시는 것이 아니다. 잘못하고 실수하고 불순종하면서 살았지만 그럼에도 불구하고 회개하고 돌아오기만 하면, 하나님은 내 모습 그대로를 보고 싶어 하신다. "그래 잘 왔다. 내가 모든 것을 다 용서했으니 내가 너를 사랑한다."

이것이 하나님 아버지의 숨겨진 사랑이다. 이 사랑 속에서 하나님을 만나면 상처는 회복된다.

3. 능력 받으면 회복된다.

하나님을 만난 사람의 특징은 권능을 받았다는 점이다. 약함 때문에 기도했더니 그리스도의 능력이 머물러서 약함이 회복된 것이다. 내가 약하다고 생각되는 자리에 그리스도의 능력이 채워지니까 건강한 사람이 되는 것이다. 핸디캡과 콤플렉스가 있는 사람이 온전해 진다. 누구에게나 건드리면 안 되는 아킬레스건이 있다. 그때마다 약점을 하나님 앞에 내어놓고 기도하면 능력을 받고 영과 육이 강건하게 된다. 설교의 황태자라는 별명이 붙은 영국의 스펄전(Spurgeon) 목사나 미국의 무디(Moody) 목사도 위대한 하나님의 종이 된 비결은 자기의 무능과 부족함을 깊이 절감하고 죽도록 하나님께 의지하고 매달린데 있었다. 사실 인간은 본능적으로 고난을 싫어한다. 고난을 좋아하는 사람은 아무도 없다. 그런데 묘한 것은 그렇게 싫어하는 약점과 고난 때문에 하나님을 의지하게 된다는 것이다.

약점의 회복의 능력

첫째로, 약점은 기도하게 하여 회복의 능력을 준다.

약점은 우리로 하여금 기도하게 만든다. 육체에 가시가 있었던 바울은 그 약점 앞에서 기도했다. "이것이 내게서 떠나가게 하기 위하여 내가 세 번 주께 간구하였더니." 바울은 육체의 가시가 있었기 때문에 세 번씩이나 간절히 기도하였다. 이처럼 약점은 하나님 앞에 기도하도록 만들어서 저주가 아니라 복이 되게 한다.

둘째로, 약점은 겸손하게 하여서 자신의 영성을 회복시킨다.

약점은 우리로 하여금 겸손하게 만든다. 잠언 16장 18절에 보면 "교만은 패망의 선봉이요, 거만한 마음은 넘어짐의 앞잡이니라" 고 하였다. 우리가 하나님 앞에 겸손하면 하나님께서는 우리를 결코 버리지 않으시고 은혜를 주시고 당신의 도구로 사용하신다.

셋째로, 약점은 우리로 하나님의 능력을 경험하게 한다.

"나에게 이르시기를 내 은혜가 네게 족하도다. 이는 내 능력이 약한 데서 온전하여짐이라 하신지라. 그러므로 도리어 크게 기뻐함으로 나의 여러 약한 것들에 대하여 자랑하리니 이는 그리스도의 능력으로 내게 머물게 하려 함이라." 바울의 약점은 그로 하여금 기도하게 하고, 그로 하여금 하나님의 능력이 그에게 계속 머무르게 했다.

성경의 인물들을 살펴보면 모두 어딘가 흠과 약점이 있는 사람들이다. 그런데 하나님은 그들을 버리지 않고 귀하게 사용하셨다. 노아는 술 취하여 벌거벗은 몸의 수치를 보였고, 아브라함은 너무나 늙은 사람이었고, 이삭은 공상가였고, 야곱은 속이기 잘하는 거짓말쟁이었고, 레아는 못 생긴 얼굴을 가진 사람이었고, 라합은 주막에서 술파는 기생이었고, 다윗은 충복의 아내를 범한 살인자와 간음자였고, 요나는 하나님의 명령을 정면으로 불순종한 자였고, 나오미는 세상에서 제일 팔자가 드센 비참한 여인이었고, 베드로는 예수를 세 번이나 부인한 자였고, 막달라 마리아는 일곱 귀신 들린 여자였고, 바울은 하나님의 교회를 박해하는 일에 앞장섰던 자였고, 디모데는 위장병을 가진 허약한 자였고, 마가는 선교여행 도중에 도망친 자였다.

하나 같이 흠 많은 사람들이었다. 그러나 하나님은 이런 사람들을 통하여 구원의 역사에 동참시켜서 약점을 강점으로 만들어서 사용하셨다. 약점이 있는가? 삭개오처럼 나무에 올라가서 키가 작았던 사람이 키가 제일 큰 사람들이 되기를 바란다.

자신의 신분이 초라하다고 생각되는가? 요셉처럼 꿈을 꾸어라. 자신의 직업이 보잘것없다고 생각되는가? 베드로처럼 고기 잡는 어부에서 사람 낚는 어부가 되어라. 우리 앞에 넘지 못할 산은 없다. 넘지 못하는 산이 있을 때 약점을 강점으로 바꾸시는 예수님을 만나면 된다. 로버트 슐러(Robert H. Schuller) 목사에게는 '가능성 신조' 가 있었다.

높은 산이 나타나도
나는 중단하지 않는다.
정상에 오를 때까지
길을 찾거나 길을 낼 것이며,
터널을 만들고
휴식도 취하리라.
그리하여 하나님의 도움으로
돌산을 금광으로 전환시킬 것이다.

우리는 예수 그리스도의 능력으로 능력주시는 자 안에서 못할 것이 없다. 넘지 못할 산은 자신이 정한 한계 때문이지 넘지 못할 산은 없는 것이다.

묵·상·의·글

에드먼드 힐러리 경

에베레스트 산을 등정하려던 에드먼드 힐러리라는 청년이 있었다. 그는 1951년 뉴질랜드의 가르왈 원정대에 참가해 처음으로 히말라야산맥을 접했지만 에베레스트는 아득하게 느껴졌다.

1907년에 영국 원정대가 꿈꾸기 시작했지만 50년 동안, 등정을 허락하지 않았다. 그러나 힐러리는 좌절하는 대신 이렇게 말했다.

"에베레스트여, 너는 자라지 못한다. 그러나 나는 자랄 것이다. 또한 나의 힘도, 장비도 자랄 것이다. 나는 다시 돌아 올 것이다. 기다려라."

마침내 1953년, 힐러리는 에베레스트를 처음 오른 산악인이 됐다.

저주의 회복

나를 사랑하고 내 계명을 지키는 자에게는 천 대까지 은혜를 베푸느니라
(출 20:6)

메릴린 히키(Marilyn Hickey)라는 여성이 쓴 《가계에 흐르는 저주를 끊어야 산다》라는 책이 있다. 이 책 제목 안에 추가적인 설명이 있는데 〈저주의 삶에서 축복의 삶으로 안내해 주는 책〉이라고 쓰여 있다. 이 책은 제목부터 사람들에게 관심을 끌었다.

제목을 보면 가문(가계)에서 조상이 지은 죄로 인해서 저주가 흐를 수 있다는 말이 내포되어 있다. 우리는 이 책의 주제를 볼 때 과연 이 말이 믿을만한가 하는 의문을 가지게 된다. 만약 우리 가계에 내가 알지 못하는 저주가 흐르고 있다고 생각해 보자. 그것 때문에 내 가족이, 내 친척이 고통 받고 있다고 생각해 보자. 이것은 보통 심각한 문제가 아니다. 이 책의 한 부분을 인용해 본다.

"우리 중에 누군가가 교회를 다니고 있는데도 여러 가지 힘든 문제를 안고 살아가며, 하는 일마다 꼬이고 되는 일이 하나도 없고, 알 수 없는 질병 때문에 고통을 당하는 사람이 많다. 내가 지금 당하고 있는 고통의 삶이 자녀들에게 흘러가 그대로 나타나고 있기에 고통스럽다. 나는 비록 지금까지 패배의 삶을 살았지만 내 자녀들은 나와 같이 살지 않아야 될 텐데…."

이 책은 우리가 당하는 저주와 재앙의 삶이 어디서부터 출발하고 어떻게 해결되어야 하는지 대답해 준다.

성경은 사람들에게 찾아오는 고통과 질병들의 문제가 개인의 죄 때문에 찾아온다는 것과 또는 조상의 지은 죄 때문에 온다는 것을 모두 인정하고 있다. 그러나 문제는 가문에 흐르는 질병이 유전된다는 것이다. 또한 자신과 상관없이 환경적인 요인 때문에 찾아 올 수도 있다.

흔히 말하는 저주들

희귀병으로 고생하는 사람들이 많이 있다. 질병은 병원균의 감염으로 올 수도 있고, 유전적인 요인과 환경적인 요인으로도 올 수 있다.

오래 전 희귀병을 앓는 아버지가 자기와 똑같은 병을 앓는 아들을 죽인 사건이 있었다. 아버지가 희귀병을 앓는 자식을 보니까 너무너무 안타까워서 차라리 '이렇게 사느니 죽는게 좋겠다' 라고 생각해서 죽인 사건이다.

어느 가정이든지 그 가정에 흐르는 학습의 방법이 있다. 그래서 이런 말을 한다. "알코올중독자 밑에 알코올중독자 나오고, 노름꾼 아버지 밑에 노름꾼 아들 나온다. 폭력 아버지 밑에 폭력 아들이 나온다." 정말 그런가? 아니다. 어쩌다 아홉에 하나가 나와도 사람들은 그렇게 말한다.

이런 모습은 유전이 아니라 자랄 때 학습이 잘못되었기 때문이다. 누구든지 잘못된 학습을 답습하면 그 잘못된 답습으로 이런 결과가 나타날 수 있기 때문에 가정환경이 중요하다.

1983년 영국 이스트본에서 열세 살 된 소년이 자살한 사건이 발생했다. 소년의 이름은 토머스 크레이븐이다. 이 소년은 모범생이었으며 자살할 이유가 전혀 없었다. 소년이 왜 자살을 했는지 아는 사람은 아무도 없었다. 그런데 그의 일기에 다음과 같은 글이 적혀 있었다.

"우리 가정은 악마의 저주를 받아 가족들이 일찍 죽는다는 소문을 들었다. 죽음이 두렵다. 어차피 죽을 운명이라면 어머니 곁에서 죽는 편이 낫다."

소년을 죽인 범인은 악의에 찬 헛소문이었다. 사실 이 소문은 전혀 근거 없는 것이다. 이 가정에 적개심을 품은 한 노인이 퍼트린 유언비어였다. 사람들은 가계에 흐르는 저주가 심리적이고 환경적인 인간의 죄성에 근거한 것임을 알면서도 저항하지 못하는 것은 죄의 모방과 답습이라는 대물림을 스스로 인정하기 때문이다.

축복과 저주

성경에 축복과 저주의 말씀이 많다. 저주의 대표적인 말씀이 출애굽기 20장 5절의 "그것들에게 절하지 말며 그것들을 섬기지 말라 나 네 하나님 여호와는 질투하는 하나님인즉 나를 미워하는 자의 죄를 갚되 아버지로부터 아들에게로 삼사 대까지 이르게 하거니와" 말씀이고, 또한 축복의 대표적인 말씀이 신명기 7장 9~15절이다.

"그런즉 너는 알라 오직 네 하나님 여호와는 하나님이시요 신실하신 하나님이시라 그를 사랑하고 그의 계명을 지키는 자에게는 천 대까지 그의 언약을 이행하시며 인애를 베푸시되 그를 미워하는 자에게는 당장에 보응하여 멸하시나니 여호와는 자기를 미워하는 자에게 지체하지 아니하시고 당장에 그에게 보응하시느니라 그런즉 너는 오늘 내가 네게 명하는 명령과 규례와 법도를 지켜 행할지니라 너희가 이 모든 법도를 듣고 지켜 행하면 네 하나님 여호와께서 네 조상들에게 맹세하신 언약을 지켜 네게 인애를 베푸실 것이라 곧 너를 사랑하시고 복을 주사 너를 번성하게 하시되 네게 주리라고 네 조상들에게 맹세하신 땅에서 네 소생에게 은혜를 베푸시며 네 토지 소산과 곡식과 포도주와 기름을 풍성하게 하시고 네 소와 양을 번식하게 하시리니 네가 복을 받음이 만민보다 훨씬 더하여 너희 중의 남녀와 너희의 짐승의 암수에 생육하지 못함이 없을 것이며 여호와께서 또 모든 질병을 네게서 멀리 하사 너희가 아는 애굽의 악질이 걸리지 않게 하시고 너를 미워하는 모든 자에게 걸리게 하실 것이라"

이 두 구절이 가계에 흐르는 축복과 저주의 말씀에 기원이라고 말할 수 있다.

하나님은 불순종하는 자에게는 삼사 대 이르기까지 저주를 하시고, 하나님께 순종하는 자는 천 대까지 복을 주시겠다고 하셨다. 실제로 이스라엘 역사를 보면 하나님의 말씀을 불순종한 아간이 있다. 그는 여리고 성이 함락될 때 은과 외투와 금덩이(수 7:24)를 훔쳤다. 그 결과로 아골 골짜기에서 돌로 쳐 죽임을 당했다. 또 하나님께 불순종한 북왕국 이스라엘은 앗수르라는 나라에게 멸망당하자 북왕국을 이루었던 10지파는 완전히 사라져 포로가 되고 말았다. 이런 모습을 보고 지금도 많은 사람이 저주를 두려워한다. 그 이유는 '권선징악'이라는 유교적 사상 때문이다. 예수님을 믿으면서도 구원받은 백성들이 말씀의 영향력보다 유교적인 영향력에 더 지배를 받고 있는지 모르겠다.

종종 우리 주변에서 어려운 일들을 만난 사람들을 "인과응보, 자업자득이다, 뿌린 대로 거둔다"라고 말한다. 그러나 이 부분에서 우리가 한 번 깊이 생각해 보아야 한다. 왜냐하면 '지혜가 없어서, 경험이 부족해서, 사람을 잘못 만나서 그렇게 되었는가?' 하는 원인 분석이 필요하다. 분명 우리 앞에는 두 가지 길이 있다. 하나는 저주요, 다른 하나는 복이다.

여호수아가 이스라엘 백성들을 인도하여 가나안 땅에 들어갔을 때 그리심 산과 에발 산에 서게 했다. 그리고 거기서 축복과 저주를 선포했다. 지금도 성지순례를 가서보면 그리심 산은 산이 푸르고 아름다운 축복의 산이다. 그러나 에발 산은 민둥산이다. 나무 하나 없는 황토의 돌산이다.

축복과 저주는 바로 이런 것이다. 축복은 천 대까지 잘되는 것이다. 그러나 저주는 갈수록 쇠약해 지는 것이다. 거기는 생명력이 없다. 결국 이스라엘 민족도 가나안 땅에 들어온 이후 믿음의 세대들이 죽은 다음 신세대들이 그 땅의 주민과 우상을 섬겼다. 그래서 하나님은 수많은 선지자를 보내서 회개하고 돌아오라고 촉구하셨지만 듣지 않자 하나님이 심판하셨다.

갈라디아 6장 7~8절에 "사람이 무엇으로 심든지 그대로 거두리라 자기의 육체를 위하여 심는 자는 육체로부터 썩어질 것을 거두고, 성령을 위하여 심는 자는 성령으로부터 영생을 거두리라" 고 하였다. 그러므로 우리는 잘 심는 것이 중요하다.

축복의 삶을 살려면

그러면 우리가 축복의 삶을 살려면 어떻게 해야 하는가? '죄의식, 인과응보 의식, 자업자득'이라는 잘못된 의식을 벗어나야 한다.

사람은 무엇인가 안 되고 어려움을 당하면 원인에 대한 자책을 한다. '내가 잘못했기 때문에 이런 결과가 온다' 라고 생각을 한다. 물론 그럴 수도 있다. 그러나 그것이 전부는 아니다.

요한복음 9장에 보면 날 때부터 맹인된 사람을 보고 제자들이 예수님께 물었다. "이 사람이 누구의 죄로 맹인이 되었나요? 부모의 죄인가요? 아니면 이 사람의 죄인가요?" 그때 예수님은 "누구의 죄도 아니다. 하나님께서 하시는 일을 나타내고자 함이라" 고 말씀하셨다.

때로는 많은 사람이 유전적인 질병들을 놓고도 고민하는 경우들이 있다. 암이 유전인가, 아닌가? 사실 같은 집안에서 같은 암이 발생되는 것은 환경과 식생활이 같기 때문이다. 또 암은 우리나라 네 집당 한 명이 걸릴 정도로 흔한 병이다. 누구든지 자기 집안을 살펴보면 멀든 가깝든 암 환자는 한 명씩 있다. 또한 당뇨, 고혈압, 관절염, 모두 다 유전되는 병이다. 그렇다고 이것이 저주는 아니다. 집안에 이런 내력이 있으면 미리 예방을 해서 고치면 된다.

호세아 4장 6절에 "내 백성이 지식이 없으므로 망하는도다" 라고 하였다. 이 지식은 하나님을 아는 지식이요, 학습을 통해서 깨닫는 지식이다. 저주가 우리 가정에 임하지 못하도록 지혜로운 지식을 가져야 한다.

예수님은 우리의 저주를 깨뜨리기 위해서 이 땅에 오셨다. 그래서 복음이 들어가는 곳에는 귀신이 쫓겨 나고, 악한 질병이 고침을 받고, 죄에 눌려 있는 사람이 참 자유를 찾고, 앉은뱅이가 일어나며, 어둠에 있는 사람들이 광명을 얻게 된다.

성경이 말하는 저주는 무엇인가?

성경에서 저주 받은 사람들은 어떤 사람들인가 살펴보자.

1. 우상숭배나 무당은 저주 아래 있다.

신명기 27장 15절에 우상이나 조각을 새긴 사람은 저주를 받는다고 말씀한다.

2. 부모를 대적한 자들이 저주를 받는다.

신명기 27장 16절에 "그의 부모를 경홀히 여기는 자는 저주를 받을 것이라" 고 말씀했다. 하나님은 자기의 부모를 저주하는 자를 용서하지 않으신다.

3. 성적인 범죄자들이 저주를 받는다.

신명기 27장 20절에 "그의 아버지의 아내와 동침하는 자", 신명기 27장 21절에 "짐승과 교합하는 자", 신명기 27장 22절에 "형제간에 동침하는 자"(아버지와 딸이 어머니와 아들이), 신명기 27장 23절에 "장모와 동침하는 자"가 저주를 받는다고 했다.

4. 폭력자들이 저주를 받는다.

신명기 27장 24절에 보면, 이웃을 암살하는 자는 저주를 받는다. 신명기 27장 25절에 보면, 무죄한 자를 죽이고 뇌물을 받는 자는 저주를 받는다.

5. 무자비한 자들이 저주를 받는다.

신명기 27장18절에 "맹인에게 길을 잃게 하는 자는 저주를" 받는다.

저주가 복이 되기 위해서

1. 하나님을 사랑하면서 살아야 한다.

보험 회사들은 가계에 유전되는 병을 알고 있기에 보험을 가입하는 사람들에게 묻는 게 있다.

"가족 중에 심장병을 앓았던 사람은 있습니까? 고혈압이나 당뇨병을 앓는 사람은 없습니까? 신장에는 문제가 없습니까?"

이는 조상으로부터 유전되는 병이 있기 때문이다. 조상들의 죄가 삼사 대 전가되는 것을 그들은 이미 알고 있기 때문이다. 출애굽기 20장 5절에 "나를 미워하는 자의 죄를 갚되 아버지로부터 아들에게로 삼사 대까지 이르게 한다"고 하였다. 이 말은 죄는 그냥 놓아두면 전가된다는 말씀이다. 동시에 복도 전달된다. 출애굽기 20장 6절에 "나를 사랑하고 내 계명을 지키는 자에게는 천 대까지 은혜를 베푸느니라"고 하였다. 가족은 연대책임이다. 하나님을 미워하였기 때문에 저주를 받고, 하나님을 사랑했기 때문에 복을 받는다.

2. 육체적인 질병을 치유해야 회복된다.

성경은 질병의 원인을 11가지로 말한다.

첫째, 하나님의 징계로부터 온다(신 28:5, 민 12:9~10).

둘째, 마귀에게로부터 온다(욥 2:6~7).

셋째, 죄로 말미암아 온다(롬 5:14).

넷째, 하나님의 영광을 위하여서 온다(요 9:3, 11:4).

다섯째, 불경한 생활로부터 온다(고전 11:30).

여섯째, 육신의 피로로 인해 온다.

일곱째, 술로 인해 병이 오기도 한다(호 7:5).

여덟째, 너무 자만하지 않기 위해 온다(고후 12:7).

아홉째, 나이가 많아 생기기도 한다(창 48:1~10).

열 번째, 떨어지거나 넘어짐으로 온다(왕하 1:2).

열한 번째, 소망을 이루지 못하여 병을 얻기도 한다(잠 13:12).

이상과 같이 인간들의 육신은 질병이 오기 때문에 이를 치료하는 방법을 성경은 다음과 같이 말하고 있다.

첫째, 하나님께 의지함으로(출 15:26, 시 103:3, 말 4:2).

둘째, 기도함으로(약 5:15~16).

셋째, 의사에게 보임으로(대하 16:12, 렘 8:22, 마 9:12).

넷째, 약을 씀으로 ① 무화과 반죽으로(왕하 20:7), ② 기름으로(사 1:6, 눅 10:34, 약 5:14), ③ 포도주로(딤전 5:23).

다섯째, 하나님의 자비로 치료를 받아야 한다(빌 1:25~30).

가족 중에 혹시 유전되는 병이 있다면 예수님의 이름으로 치유 받기를 바란다.

3. 실수로 인한 죄와 질병도 예수님의 이름으로 치유를 받아야 한다.

혹시 실수로 인한 질병이 찾아오면 나사렛 예수님의 이름으로 "더러운 귀신아 물러가라" 명령할 때 주님이 고쳐주실 줄로 믿어야 한다. 우리는 죄의 종이 아닌 의의 종이며 하나님의 선택 받은 사람이며 성령의 법이 다스림으로 복을 받은 자녀이기 때문이다.

"사랑하는 자여 네 영혼이 잘됨 같이 네가 범사에 잘되고 강건하기를 내가 간구하노라" (요삼 1:2)

"아버지께서 그리스도 안에서 하늘에 속한 모든 신령한 복을 우리에게 주시되" (엡 1:3)

우리의 죄 값은 이미 예수님께서 십자가에서 다 받으셨다.

"그가 찔림은 우리의 허물 때문이요. 그가 상함은 우리의 죄악 때문이라. 그가 징계를 받으므로 우리는 평화를 누리고 그가 채찍에 맞으므로 우리는 나음을 받았도다" (사 53:5)

예수님이 모든 질고와 징계를 받으셨으므로 우리의 죄악이 사해졌기 때문에 우리는 저주에 사는 것이 아니라 하나님의 은혜로 구원받고 복을 받은 것이다. 예수 그리스도 안에 있는 사람들은 하나님의 능력으로 질병도, 고통도, 형벌도, 모두 사함을 받았으므로 천 대까지 복을 받을 사람들이다. 그러므로 가계에 저주가 있다는 생각을 버리고 하나님의 복을 받은 줄로 믿고 더욱더 말씀대로 순종하며 살아야 한다.

이제 누구든지 가계에 흐르는 저주가 있다면 예수님의 이름으로 끊고 복된 계보를 만들어서 천 대까지 잘되는 복을 받아야 한다. 오직 예수님만이 우리를 복의 사람으로 인도한다. 그러므로 오직 말씀을 붙잡고 저주를 끊고 축복을 받아서 영혼이 잘되고 범사가 잘되기를 소망한다.

가문의 영향력

한 역사학자가 믿음으로 산 사람과 불신앙으로 산 사람을 연구한 결과 그 후손의 삶이 너무나 달랐다.

미국의 맥스 죽크스라는 사람은 무신론자로서 매우 악한 주정뱅이였다. 그는 하나님을 믿지 않는 여성과 결혼을 하였다. 이 두 사람의 가문에서 560명의 자손들이 태어났다. 어떤 사람이 이들의 삶을 추적했다. 560명의 자손 중 310명은 거지로 살다가 죽었다. 150명은 범죄자였다. 이 가운데 7명은 살인자였고, 100명은 술주정뱅이였다. 이 가문에 속한 여자들 중에는 몸을 파는 창녀도 많이 있었다. 잘된 사람이 별로 없었다. 죽크스의 자손들이 국가에 입힌 손해를 계산해 보았더니 19세기의 화폐 가치로 따져볼 때 국가에 125만 달러의 손해를 입혔다. 이 사람이 저지른 죄악 때문에 자신은 물론 자손들까지도 하나님의 복을 받지 못했다.

한편 죽크스와 동시대에 살았던 에드워드 요나단이라는 사람이 있었다. 그는 하나님을 경외한 신실한 사람이었다. 그는 하나님을 잘 믿는 여자와 결혼을 하였다. 이 사람을 통해서 1,394명이 태어났다. 이 자손들을 추적해 보니 자손 중에 13명의 대학총장이 나왔고, 65명이 교수가 되었다. 또 3명이 미국 의회의 상원위원이 되었고, 3명은 주지사로 일했다. 또 30명은 판사, 100명은 변호사, 56명은 외과의사, 75명은 군인장교, 100명은 목사, 선교사, 작가가 되었다. 그리고 80명은 국가 고위 공무원직을 맡았고, 이중 3명은 대 도시의 시장으로 일했다. 그리고 한 명은 재무성 감사관, 또 다른 한 사람은 부통령이 되었다. 자손들이 다 잘되었다. 하나님의 복을 받은 가문이다.

성격의 회복

하나님이여 내 속에 정한 마음을 창조하시고
내 안에 정직한 영을 새롭게 하소서
(시 51:10)

한평생 살면서 나 자신을 스스로 무척 힘들게 하는 요소가 있다면 성격이다. 사람들은 자기의 성격 때문에 누구나 고민을 많이 한다.

'내 성격은 왜 이럴까? 왜 나는 성격이 급하고 남의 이야기를 들어 주지 못하고 모든 일을 내가 해야만 직성이 풀릴까? 나는 매사에 자신감이 없고 부정적이며 편협한 생각을 많이 할까? 모든 일에 자신감은 있는데 하는 일마다 남에게 아픔을 주고 성질이 깐깐해서 내 생각만 할까?'

이렇게 우리 모두는 자신의 성격 때문에 고민하면서 불만을 가지고 있다. 그렇다고 고쳐지는 것도 아니기 때문에 염려하며 자포자기하며 살아가고 있다. 한 심리학자는 인간의 성격 형성을 3가지로 말한다.

인간의 성격 형성

1. 유전적인 요인

사람은 자기 의지, 자기 생각과는 전혀 다르게 부모님의 성격을 받아서 기질이 형성되었기 때문에 어떤 전통을 가진 부모를 만나느냐에 따라서 성격이 형성된다. 그래서 완고한 부모님 밑에서 자란 아이들은 그 영향력을 받아서 완고하고 보수적이 된다. 그러나 자유분방한 가정에서 자란 자녀들은 그 성격이 합리적이다. 그래서 부모를 통해서 언어와 사고, 가치관과 습관은 가정이라는 환경을 통해서 답습됨으로써 이루어진다는 것을 알 수 있다.

2. 환경적인 습성

사람은 살아오면서 3가지 습관을 형성한다.

첫째는 사고방식의 습관을 형성한다. 부모님이 또는 주의 환경과 가치관이 긍정적이냐 부정적이냐, 적극적이냐 소극적이냐는 환경적인 요소들로 인해 결정된다. 그래서 주변에 부정적인 사람들과 함께 하는 사람들은 대부분 부정적이고, 긍정적인 사람과 함께 있으면 긍정적 사고를 한다. 이것은 환경의 영향력 때문이다.

둘째는 행동의 습관이다. 어떻게 행동하느냐 하는 것이다. 이것 또한 환경적 습관이다. 처세술, 이것도 행동의 습관이다.

셋째는 말의 습관이다. 자녀들은 부모의 언어를 많이 닮는다. 또 고향의 언어를 닮는다.

이 3가지는 반복되는 영향력으로 일상적인 침식 속에서 잠재해 있다가 기억으로 올려지는 현상이다.

3. 악습의 답습

사람에게 제일 무서운 것이 악습이다. 자신이 행하는 일이 나쁜 것인 줄도 모르고 계속함으로써 답습되는 것이 학습이다. 대부분 부정적인 말을 하는 사람은 처음부터 부정적인 말을 한 것이 아니고, 주위의 환경이 부정적이니까 이것이 답습되어서 자신도 모르게 평상시 언어가 되어 버린 것이다.

사람은 누구나 성격과 기질이 있다. 그런데 어떤 사람은 좋은 성격을 가졌는데 어떤 사람은 그렇지 못하다는 것이 문제이다. 결론은 환경의 답습이 우리를 오늘의 모습으로 만들었다는 사실이다. 그렇다면 오늘 자신은 어떻게 새로운 모습으로 바뀔 수 있는가?

바울 사도는 에베소서 6장 4절에서 "어버이들은 자녀들의 마음에 상처를 입히지 말고 주님의 정신으로 교육하고 훈계하며 잘 가르쳐라"(공동번역)라고 권면한다. 부모들의 영향력은 자식들에게 대단하다. 자녀들은 부모님의 성격을 닮는다. 신비하게 말이나 행동도, 사고도, 신앙도, 성격도 닮는다. 부모님을 통해서 닮고 답습되면서 오늘 우리가 여기에 있는 것이다.

육체적, 환경적인 성격 치유 회복

1. 마음 바꿔먹기를 시작하라.

자신의 성격을 고칠 수 있는 방법은 마음이 바뀌어야 한다. 습관적인 사고와 행동이 당장은 바뀌지 않아도 내면에서 부족한 부분, 불안정한 부분을 고쳐야겠다고 스스로 마음을 먹어야 한다. 만약 자신의 말이 부정적이라고 생각하면 말을 바꾸기 위해서 스스로 긍정적인 말을 해야 한다. 만약 부정적인 생각이 습관화되었다면 누가 말을 해도 먼저 수긍하면서 그럴 수도 있겠다는 생각을 할 때 부정적인 말을 버릴 수 있다.

시편 51편 10절에 "하나님이여 내 속에 정한 마음을 창조하시고 내 안에 정직한 영을 새롭게 하소서"라고 하였다. 하나님은 우리 모두에게 정직한 마음을 주셨다. 그러기 때문에 날마다 우리는 주님의 은혜로 마음을 새롭게 해야 한다. 마음을 새롭게 하시는 이는 성령이다. 자신의 성격이 마음에 들지 않고 나쁜 습관이 자신을 괴롭혀도 우리는 성령을 의지하면서 이렇게 기도해야 한다.

"성령님! 이 시간 내 안에 오시어서 내 성격을, 내 언어를, 내 습관을 고쳐주옵소서. 긍정적 사고로 바꾸어 주옵소서. 나를 새롭게 하옵소서. 잘못된 성격이 나를 괴롭힙니다. 잘못된 습관이 나를 괴롭힙니다. 나는 사고의 핸디캡이 많습니다. 나는 마음에 성격장애가 있습니다. 이제 내 안에 정직한 영을 주시고 나를 새롭게 하시어서 부정적인 생각이 긍정적으로 되게 하여 주시옵소서. 그래서 열등감이 고침 받도록 내 심령을 치유하여 주옵소서. 예수님의 이름으로 기도합니다. 아멘."

이렇게 기도할 때 성령은 우리의 심령을 치유하신다.

2. 다르게 살기를 시작하라.

일단 성격 때문에 고민하고 생각을 달리 했다면 그동안의 성격을 바꾸기 위해서 다르게 살기를 시작해야 한다. 이전의 생각에서 벗어나서 새로운 마음을 가지고 살기를 실천해야 한다.

예를 들면, 말을 더듬는다고 생각하자. 마음이 급하면 더 심하게 말을 더듬는다. 그러면 내가 왜 말을 더듬는가를 생각하고 분석을 할 줄 알아야 한다. 만약 말을 빨리 하기 때문이라면 이제는 말을 천천히 생각하면서 해야 한다. 이것이 마음의 결심이다.

그러면서 게으른 사람은 아침기상 앞당기기, 사람 대하는 태도 바꾸기, 좋은 사람 만나보기, 마음에 평화스러움 가져보기, 따뜻하게 말하기, 민감하게 안 받아들이기, 열등감 안 갖기, 빨리 흥분 안하기, 소외감 안 갖기, 이상한 생각 안 하기 등에 대한 결심과 실천이 중요하다. 만약 내 안에서 다르게 살기를 결심했다면 3만 번 이상 반복해야 한다. 그래야 무의식 속에 그 생각이 각인되는 것이다.

영국의 심리학자인 로젠탈(Rosenthal)과 제이콥슨(Jacobson) 박사가 자성 예언(self-fulfilling prophecy)이라는 학습 결과를 발표했다. 초등학교 1학년에 입학한 어린이들에게 지능검사를 실시하고 아이들이 공부를 잘할 것이라고 담임선생님이 예언을 했을 때, 실제로 8개월 뒤에 아이들이 공부를 잘했다고 한다. 머리에 공부를 잘한다는 것이 각인되었기 때문이다. 그러기 때문에 부모들은 자녀들에게 좋은 자성 예언을 해야 한다. 또 건강이 안 좋으신 분들에게 건강해 질 것이라고 자성 예언을 많이 할 때 더 건강하게 살게 될 것이다.

우리는 자성 예언을 잘해야 한다. 다르게 살기로 결심했다면 "나는 긍정적이다. 나는 할 수 있다. 나는 열등감이 없다. 나는 대인관계를 잘할 수 있다. 나는 우유부단하지 않다. 나는 바꾸어 질 수 있다"라고 자성 예언을 해야 한다.

초대교회 성도들이 성령을 받고 다르게 살게 되었다. 기도하지 않던 사람이 기도하게 되었고, 전도하지 않던 사람이 전도하게 되었으며, 봉사하지 않던 사람이 봉사하게 되었다. 성령은 우리를 다르게 살게 하신다.

성령은 우리를 소극적인 사람이 아닌 적극적인 사람이 되게 하신다.

"하나님은 나를 돕는 이시며 주께서는 내 생명을 붙들어 주시는 이시니이다"(시 54:4)

"그러므로 우리는 긍휼하심을 받고 때를 따라 돕는 은혜를 얻기 위하여 은혜의 보좌 앞에 담대히 나아갈 것이니라"(히 4:16)

"주는 나를 돕는 이시니 내가 무서워하지 아니하겠노라"(히 13:6)

누구든지 다르게 살기로 작정했다면 자신을 긍정적으로 바라보기, 나쁜 습관 고치기, 자신에게 용기와 힘을 주기, 이 세 가지를 실천해야 한다. 이것이 자신의 성격을 고치는 방법이다.

3. 자기 갱신을 하면서 살아라.

옛 모습이 다시 자기에게 돌아와도 마음을 바꾸고 고치겠다고 결심해야 한다. 자기 스스로 바뀌겠다고 생각했지만 계속 그 자리에 머물 때는 어떻게 해야 하는가? 다시 시도해야 한다. 될 때까지 시도해야 한다. 성격 장애가 치유될 때까지 다시 시도해야 된다.

우리가 무엇인가를 바꾼다는 것은 오랫동안 습관화된 것이기 때문에 어렵다. 이뿐 아니라 결심해도 작은 외부적인 일이 일어나면 다시 예전의 자리로 돌아오게 된다면, 반복해서 3만 번까지 하면 된다. 하나님은 우리의 잘못된 습관을 고치시기 원하신다. 그러므로 우리는 살면서 옛것이 다시 나와도 다시 시도해야 한다.

어떤 장로님께 들은 이야기다. 자기 딸이 얼마나 고집이 센지 부모 말을 안 듣는다는 것이다. 머리에 염색을 하지 말라고 하면 더 빨갛게 들이고, 일찍 들어오라고 하면 더 늦게 들어오고, 그래서 어느 날 장로님이 자기 딸의 뺨을 때렸다고 한다. 그랬더니 눈을 부릅뜨고 "나는 아버지에게서 예수님의 모습을 본 일이 없어요"라고 말하더란다. 아버지가 그 말을 듣고 너무 충격을 받아 골방에 들어가서 무릎을 꿇고 "하나님 아버지, 제가 딸 앞에 한 번도 예수님의 모습을 보인 일이 없다니 저를 용서하소서"라고 하며 눈물 뿌려 기도하였다고 한다.

누구든지 자신의 성격이 마음에 들지 않는다. 그렇지만 마음의 상처를 치유하고 회복하면 모난 부분의 성격이 상당 부분 회복되는 것이다.

사회적 성격

이화여대 이근후 교수가 대학생 500명을 대상으로 한국인의 사회적 성격이란 설문조사를 했다. 그때 가장 두드러진 것이 급한 성격과 행동이었다.

그 열 가지 특성은 첫째, 성격과 행동이 급하다. 둘째, 감정적이고 정이 많다. 셋째, 정확성이 부족하다. 넷째, 남의 눈치를 본다. 다섯째, 가족주의 또는 집단주의가 강하다. 여섯째, 허세가 심하다. 일곱째, 개인주의적 성향이 강하다. 여덟째, 변화를 싫어한다. 아홉째, 내성적이다. 열째, 권위주의가 강하다.

이러한 성격을 한국 사람들이 가지고 있기 때문에 고치기로 마음먹기를 시도하라고 말한다.

죄책감의 회복

이에 베드로가 예수의 말씀에 닭 울기 전에 네가 세 번 나를 부인하리라 하심이 생각나서 밖에 나가서 심히 통곡하니라(마 26:75)

한평생 살면서 자기 자신을 괴롭히는 요소가 있다면 죄책감이다. 모든 사람은 자기가 지은 죄에 대해서 기억하고 있다. 아무리 잊으려고 해도 자신이 지은 죄는 잊어버릴 수가 없다. 단지 죄책감을 느끼지 못하고 사는 사람이 있을 뿐이지 양심의 가책은 영원히 숨길 수 없다.

경기도 용인에서 20대 젊은이들이 신용카드의 빚을 갚기 위해서 5명의 여자를 죽여서 승용차 트렁크에 3일이나 시체를 넣고 다닌 일이 있었다. 승용차 트렁크에 5명이나 시체를 싣고 다녔으니 그들의 마음속에 얼마나 많은 죄책감이 있었겠는가? 물론 그들의 양심은 화인 맞은 양심, 즉 부패한 양심이다.

양심은 하나님이 인간에게 주신 고귀한 선물 중의 한 부분이다. 인간은 도덕적인 선택을 하려고 하지만 스스로 올바른 기준들을 만들지는 못한다. 그래서 양심에 지나치게 민감한 사람이 있는가 하면 양심에 화인 맞은 사람이 있는데 그 반응이 5가지 죄책감으로 나타난다.

죄책감의 반응

1. 물질로 인한 죄책감

물질적인 죄책감은 돈을 누군가에게 빌렸지만 갚지 못했을 때 느끼는 부담감이다. 부모나 형제나 사업상 금전적인 부분이 깨끗하게 해결되지 못할 때 평생 그 기억을 지울 수 없다.

대표적인 사람이 야곱이다. 야곱은 아버지를 속이고 형 에서의 축복을 가로챘다. 그리고 외삼촌 라반의 집으로 도망가서 20년 동안 고생고생 해서 재산을 모아 고향으로 금의환향하지만, 야곱의 마음속에서 잊어버릴 수 없는 죄책감이 떠나질 않았다. 형님의 축복을 가로챈 것이다. 그는 형 에서를 만날 때 축복을 가로챈 것 때문에 자기 재산 절반을 형님에게 준 것이다.

2. 감정적인 죄책감

자기의 약점을 감추기 위해 사실이 아닌 것을 남에게 뒤집어씌워 그 상황을 벗어났을 때 그 죄책감은 평생을 따라 다닌다.

어떤 남편이 아내가 교회 나간다고 성경을 찢어 버렸다. 어느 날 그 찢은 성경책에서 유난히 크게 보이는 말씀이 있었는데, 하나님의 말씀은 일점일확도 없어지지 아니한다는 구절이었다. 그러다 그가 예수 믿게 되었지만 계속 자신을 자책 한 것은 성경책을 찢었다는 죄책감이었다. 결국 그는 회개하고 예수님을 믿게 되었지만 이 사람의 머릿속에는 성경책 찢은 죄책감이 있었던 것이다. 이것은 실수가 아니라 의도적으로, 감정적으로 지은 죄이기 때문이다.

3. 성적인 죄책감

한번 타락한 경험은 한평생을 따라 다닌다. 대표적인 사람이 다윗이다. 다윗은 우리아의 아내 밧세바를 취한 이후로 나중에는 결혼했지만 자신에게는 성적인 죄책감이 따라다녔다. 분명히 한 번의 실수이다. 그러나 그 대가는 너무너무 컸다. 이것이 여성들에게 임신중절의 죄책감이다. 요즈음 미혼모들의 결혼 전 혼외정사로 인해서 낙태를 많이 한다는 통계를 본 일이 있다. 한 번의 탈선으로 인한 죄책감은 평생 지워지지 않는 흔적을 남기게 된다.

4. 윤리적인 사회적 죄책감

사람들은 사회생활하면서 도덕과 윤리, 양심을 지키지 못함으로 오는 죄책감이 있다. 믿는 사람들이 회사의 큰 사건에 연루되면 그 죄책감으로 고민하다가 양심선언이라는 것을 하게 되기도 한다.

5. 신앙 윤리의 죄책감

믿는 사람들이 죄를 지으면 잠을 이루지 못하고 고민한다. '적어도 내가 하나님을 믿는 사람인데 그럴 수 있는가? 이러고도 내가 기도하는 사람인가?' 그래서 양심의 가책을 느낀다.

필자가 신학교 다닐 때 기숙사 옆방에 책을 보관하는 허술한 창고가 있었다. 마치 보관 창고는 버려져 있는 것처럼 열쇠도 안 잠겨 있고 먼지로 가득 쌓여 있었다. 가난한 시절이라 몇 명의 친구 전도사들이 그 방에서 책 한 권씩 가지고 왔다. 가져오는 순간부터 마음이 불안하고 양심이 소리쳤다. '그것은 도둑질이다. 아무리 낡은 창고에 있다고 가져오는 것은 도둑질이다.' 그 양심의 소리에 모두다 그 책을 그 자리에 갖다 놓은 일이 있었다. 이처럼 사람은 누구든지 죄를 지으면 죄책감 때문에 양심의 가책을 받고 평생 괴로워한다.

그러면 왜 죄책감이 우리에게 큰 짐이 되는지 생각해 보자.

죄책감이 주는 부담감

1. 폭로에 대한 두려움이 있다.

자신의 죄가 드러날까 봐서 두려움이 생긴다. 자신이 지은 죄를 다른 사람이 아는 것에 대한 두려움이다. 부모에게 또는 배우자나 자녀들에게 자신의 허물이 드러날 것에 대한 두려움 때문에 죄책감에 시달리는 것이다.

2. 거부의 두려움 때문이다.

거부에 대한 죄책감은 다른 사람들이 나를 거부하면 어떻게 하는가에 따른 두려움이다. 또 사람들이 나를 인정해 주지 않고 나를 믿어 주지 않아서 평가가 나빠지면 어떻게 하는가에 대한 거부의 공포감이라고 말할 수 있다.

오래전 모 교회에서 있었던 일이다. 고등부 학생들과 교사들이 모여 특별집회를 준비하는 와중에 한 교사의 지갑이 없어졌다. 학생들 사이에 곧 지갑을 찾는 소동이 벌어졌다. "훔치는 것을 보았어요." 소동 속에 한 학생이 목사님에게 예쁘장한 여학생을 지목하며 속삭였다. '어떻게 할까' 목사님은 고민 끝에 회개의 기회를 주기로 했다. 학생들을 모아 '회개를 통해 죄사함을 받으라' 고 충고했다. 학생들의 말을 듣고 추궁하느니 한 번 기회를 주자는 생각이었다. 하지만 목사님의 생각과 달리 며칠이 지나도 소식이 없었다. '잘못 알았나' 라는 생각과 함께 실망감이 들었다. 그러던 어느 날 한 통의 편지가 왔다. 발신인 란에 이름 대신 '도둑' 이란 큰 글씨가 적혀 있었다. 여학생의 필체였다. "남자 친구에게 만난 지 1백일을 기념해 선물을 사주고 싶었어요. 죄송합니다." 예쁜 글씨의 고백이었다.

그 여학생은 "그동안 교회를 열심히 다녔는데 이제 죄를 지었으니 어떻게 해야 하나요"라며 한 팔을 자르고 싶은 심정이라며 한탄했다. 이처럼 거부에 대한 죄책감 때문에 사람들은 두려워한다.

3. 체면의 두려움 때문이다.

죄책감이 드러나면 그동안 쌓아놓은 체면에 대한 두려움이 있다. 한국 사회는 체면문화인데 얼굴을 못 들고 다닐까봐서 사람들이 두려워하는 것이다.

사도 베드로도 예수님을 부인하고 나서 통곡을 했다. "갈릴리 사람", "이 사람은 나사렛 예수와 함께 있었던 사람", "너도 그 당이라"고 한 여종이 말할 때 그는 예수님을 저주하면서 나는 그 사람을 알지 못한다고 부인했다. 베드로는 이 죄책감 때문에 괴로워했다는 전설이 있다.

사람은 지은 죄로 인해서 괴로워한다. 그러나 죄책감이 다 나쁜 것만이 아니라 때로는 유익한 면도 있다. 만약 정치하는 폭군에게 있어서 죄책감은 그 사람을 새롭게 한다. 한 나라의 지도자가 죄책감이 없다면 죄를 짓고도 계속 큰 죄를 지을 것이다. 그래서 더 이상 큰 죄를 짓지 못하도록 행동을 제한하고 갱신의 기회를 주기 때문에 때로는 유익함이 있고 반면에 해로움을 주기도 한다.

죄책감의 해로움

1. 정신과 육체에 영향을 준다.

죄책감을 다스리지 못하면 죄책감에 시달려서 정신적인 질환을 갖게 되고 스트레스로 인하여 모든 일에 자신감이 사라진다. 이것이 심하면 스스로 목숨을 끊는 경우도 있다.

2. 자신을 고립시키고 영적으로 무기력하게 만든다.

믿음으로 사는 사람들이 죄책감에 사로잡히면 기도도 못하게 되고, 사람을 편협하게 만들어서 영적으로 고립시켜 평생을 자신감 없이 살게 된다.

제리 화이트(Dr. Jerry White) 박사는 《정직, 도덕, 그리고 양심》이라고 하는 책에서 사람의 정직함을 네 가지로 분석한다. 첫 번째는 정직, 즉 거짓말을 하지 않는 것. 이것이 바로 일반적으로 생각하는 정직이다. 두 번째는 법률적 정직함이 있다. 누가 보던 말든 스스로 정해진 법을 잘 지켜 나가는 것이다. 세 번째는 내면적 정직함이 있다. 하나님이 주신 양심에 따라서 스스로 양심을 깨끗하게 지켜 가는 것, 그것이 내면적 정직성이다. 네 번째는 성경적 정직성이다. 사람 앞에도 아니고 자기 자신이 기준이 되는 것도 아니며 하나님의 말씀과 성령의 감화 안에서, 정직함을 지켜나갈 때 자신을 고립시키지 않고 영적으로 무기력하게 되지 않는다.

3. 나쁜 상상력을 하게 만든다.

혹시 자신이 지은 죄와 비리를 누가 알지 않을까 해서 나쁜 상상력을 주어 잘못된 생각을 동원하게 만든다. 이처럼 죄책감은 우리의 심령을 황폐하게 만든다. 베드로는 언제나 자신감이 있었다. 그는 매사에 1등을 하지 아니하면 못 견디는 사람이었다. 예수님이 "오늘 밤 닭 울기 전에 네가 세 번 나를 부인하리라"(마 26:34)라고 말씀하실 때에 베드로가 "내가 주와 함께 죽을 지언정 주를 부인하지 않겠나이다 하고 모든 제자도 그와 같이 말하니라" (마 26:35)고 말하였다. 그가 이렇게 자신 있게 사람들 앞에서 말했지만 세 번이나 주님을 부인했다. 이것이 베드로가 가진 죄책감이다.

그러면 어떻게 해야 죄책감을 치유할 수 있는지 생각해 보자.

죄책감 치유와 회복

1. 자기 죄를 시인해야 한다.

요한일서 1장 9절에 보면, 우리가 죄를 지었을 때 숨긴다고 되는 것이 아니라 하나님 앞에 고백하면서 회개하면 된다. 하나님은 우리가 죄를 자백하면 용서해 주시고 사해 주신다. 그리고 동이 서에서 먼 것처럼, 우리 죄를 옮겨 버리신다(시 103:12). 히브리서 10장 17~18절도 "그들의 죄와 그들의 불법을 내가 다시 기억하지 아니하리라 하셨으니 이것들을 사하셨은즉 다시 죄를 위하여 제사 드릴 것이 없느니라" 고 하였다. 이처럼 모든 죄를 예수님께 자백하면 사해 주신다.

2. 말씀으로 치유를 받아야 한다.

피부에 병이 나면 상처에 약을 발라야 하듯이 우리 마음에 상처가 있으면 말씀의 기름을 바르고 치유를 받아야 한다. 그때 치유가 된다. 하나님은 치유하는 광선을 통해서 고치시는 하나님이시다. 그러므로 하나님의 말씀을 붙들면 죄를 사하여 주시고 우리를 억누르고 있던 죄책감을 해결해 주신다. 골로새서 1장 13절에 "그가 우리를 흑암의 권세에서 건져내사 그의 사랑의 아들의 나라로 옮기셨으니"라고 하였다. 주님의 말씀을 통해서 죄책감이 치유될 때 영적 회복의 은혜가 있다. 죄책감이 사라지면 영이 살고 심령을 자유하게 만들고 성장하게 만든다.

3. 구속의 은혜로 치유 받아야 한다.

죄책감의 문제는 하나님과의 관계 속에서 해결될 수 있다. 오직 십자가의 보혈로만 죄책감의 문제가 해결된다. 로마서 8장 1~2절에 "그러므로 이제 그리스도 예수 안에 있는 자에게는 결코 정죄함이 없나니 이는 그리스도 예수 안에 있는 생명의 성령의 법이 죄와 사망의 법에서 너를 해방하였음이라"고 하였다. 이처럼 하나님과 나 사이의 관계가 회복되어야 죄책감의 문제가 해결된다.

필리핀에 한 천주교 신부가 지난날 지은 죄 때문에 고민하고 있었다. 신부는 자신의 죄를 다 고백하고 회개하고 하나님께 용서를 구했지만 그의 마음에 평안이 없었다. 기도는 했지만 용서에 대한 확신이 없어서 죄책감으로 시달리고 있었다. 그런데 이 신부님 교구에 한 여신도가 있었는데 예수님의 신비한 환상을 본다는 사람이었다. 신부님은 이 소식을 듣고 조금은 의심스러웠지만 이것이 사실인지를 알기 위해서 여신도에게 예수님께 자신이 신학교 다닐 때 무슨 죄를 지었는지 물어봐 달라고 부탁

했다. 그렇게 며칠이 지나서 이 신부는 그 여자 신도를 만났을 때 물었다.

"예수님을 환상 중에 만났습니까?"

"물론이지요."

"내가 신학교 다닐 때 지었던 죄를 예수님은 알고 계시던가요."

"제가 여쭤보았더니 예수님이 기억나지 않는다고 대답하셨어요."

우리가 죄를 자백하면 용서하신다. 우리는 죄책감으로 고민하기보다는 주님이 주시는 참된 기쁨으로 사죄의 은혜를 입고, 참 자유 속에서 치유를 받아야 한다. 이것이 죄책감이 치유 받은 결과의 회복이다.

루터의 죄책감

종교개혁자 마틴 루터는 수도원에서 기도와 명상과 고행을 통해서 그 영혼을 깨끗케 하고 또 하나님의 나라를 위해 봉사하는 수도사였다. 그가 수도사로 있는 동안에는 죄를 지을 가능성은 거의 없었다. 여자가 없으니 간음죄를 지을 리가 없었다. 가족도 없고 또 출세니 명예니 하는 것도 없으니 인간적인 욕망의 노예가 될 필요도 없었다. 오로지 하나님 앞에 기도와 명상만 했다. 그런데도 그에게 가장 심각한 고민이 바로 "죄" 였다.

그는 "내 죄, 내 죄, 내 죄, (my sin, my sin, my sin)" 하며 가슴을 쥐어뜯어가면서 죄 문제를 고민했다. 아무리 회개하고 참회하고 고행을 해도 죄의 문제가 해결되지 않았다. 그는 점점 더 깊은 수렁에 빠져 들어갔다. 고해성사도 수없이 했다. 얼마나 많이 고해성사를 했던지 나중에 신부는 너무 귀찮아 루터에게 이런 말을 했다. "루터야, 죄 좀 모았다 가지고 오너라."

이렇듯 죄책감에 시달리던 루터가 로마서 1장 17절을 읽다가 자기가 가진 고민과 난제들의 해결책을 발견했다. "복음에는 하나님의 의가 나타나서 믿음으로 믿음에 이르게 하나니 기록된 바 오직 의인은 믿음으로 말미암아 살리라 함과 같으니라."

죄책감이 루터를 돌아오게 한 것이다.

우울증의 회복

엿새 후에 예수께서 베드로와 야고보와 그 형제
요한을 데리시고 따로 높은 산에 올라가셨더니 그들 앞에서 변형되사 그 얼굴이
해 같이 빛나며 옷이 빛과 같이 희어졌더라(마 17:1~2)

1808년 어느 날, 영국 맨체스터의 유명한 의사 제임스 헤밀튼(James Hamilton) 앞에 지치고 슬픈 표정을 한 남자가 나타났다. 그는 환자에게 이렇게 물었다.

"어디가 아프십니까?"

"선생님, 아주 심한 병입니다."

"어떤 병인데요?"

"저는 세상 사람들이 내게 테러를 할까봐 겁이 나서 살 수 없습니다. 또 매일 우울해서 견딜 수 없습니다. 아무 데서도 행복을 찾을 수 없고 도무지 즐거운 일이라곤 없습니다. 저는 정말 무엇 때문에 사는지 알 수 없습니다. 선생님이 저를 도와주시지 않는다면 금방 죽어버릴 것만 같습니다."

"제가 보니 죽을 병 같지는 않군요. 지금의 상태에 변화를 한 번 주면 어떨까요. 한번 신나게 웃고 즐거워 해보세요. 마음의 병이 곧 나을 겁니다."

"그래요, 그럼 제가 어떻게 하면 될까요?"

"오늘 저녁 서커스를 보러 가서 광대짓을 하는 그리말디를 보십시오. 이 세상에 그리말디 만큼 사람들을 재미있게 해주는 배우는 없습니다. 그리말디가 당신의 우울증을 말끔히 고쳐줄 것입니다."

그러자 환자는 고통스러운 표정을 지으면서 말했다.

"선생님, 제발 웃기지 좀 마십시오. 제가 바로 그리말디(Grimaldi)입니다."

남을 웃기는 희극배우도 우울증에 빠진다는 사실이다.

우울증은 대부분 20~40대에 주로 발생하는 마음의 병이다. 그런데 우울증이 청소년들과 노인들에게까지 급속도로 증가되고 있다. 대부분 우울증은 여성들이 남성들보다 두 배 이상 많다. 그 이유는 여성들이 호르몬의 영향과 임신과 출산, 육아에 대한 스트레스, 폐경기 등에 심각한 영향을 받기 때문이다.

현대인들은 우울증의 시대 속에서 살고 있다. 가벼운 의기소침 증세로부터 임상적으로 치료가 필요한 무거운 우울증 증세에 이르기까지 여러 가지 형태의 우울증으로 고생하고 있다. 정신과적 치료가 필요할 정도의 중증 우울증에 걸릴 확률이 성인 6명당 1명에 이를 정도이므로 누구나 한 번쯤은 "나도 우울증이 아닌가?" 하고 생각하기 쉽다. 그러나 실제로 대다수 사람들은 우울증에 대해서 잘못 알고 있거나 이해를 못하고 있는 실정이다. 남녀 전체의 평생 우울 병율은 15% 정도이고, 여자의 경우는 전체 평균보다 높은 25%를 차지해 실제로 감기처럼 누구에게나 빈번하게 생기는 병이며, 증상도 각양각색으로 나타나 감기처럼 치료도 간단히 할 수 있는 병이다. 그러나 우울증이 심해지면 죽음에 이르게 될 수도 있다.

우울은 크게 3가지로 분리할 수 있다. 정상적 범위의 우울, 신경증적 범위의 우울과 정신병적 범위의 우울로 나눌 수 있다. 상담으로 우울증을 치료할 수 있는 것은 정상적 범위의 우울만 가능하며 나머지 범위의 우울은 정신과 치료를 요구한다.

정신 분석학자인 미너스(Mines)와 마이어(Myrer)는 일반적인 우울증의 증세를 다음과 같이 말하고 있다.

"먼저 슬픈 생각에 젖어든다. 그리고 나서 고통스러운 생각, 자신에 대한 부정적인 생각, 무엇인가를 하고자 하는 의욕이 사라지고 안절부절못하게 된다. 더 나아가 잠이 오지 않고 식욕이 떨어지며 불안이 생기면서 뭔가 허상증세를 보이다가 자살까지 생각을 하게 된다."

물론 우울의 원인은 매우 복합적이고 유기적으로 다 연결되어 있다. 우울증 환자들은 대개 "기분이 우울하고 의욕이 없고 꼼짝도 하기 싫다", "사는 게 재미없다" 등 기분의 저조함만을 호소하기도 하고, 우울이 표면화되어 두통, 소화 장애, 기운 없음, 변비, 식욕부진, 불면증 등으로 나타나기도 한다.

이렇게 표면화된 우울증은 다른 병으로 잘못 진단될 가능성이 높아서 우울증에 걸리면, 환자는 이 병원 저 병원을 돌아다니며 뚜렷한 원인을 찾지 못한 채 많은 돈과 시간을 낭비하기도 한다. 이런 경우 마지막에 가서 신경성이라는 진단을 받게 된다. 이러한 우울증이 심해지면 매사를 부정적으로 받아들이고 지나친 근심 걱정을 하게 되고 장래에 대해 매우 비관적으로 생각하게 된다.

'나 때문에 우리 집안이 망하게 되었다. 나만 없어지면 모든 것이 잘 될 것이다. 아무것도 할 수 없다. 나는 죽을병에 걸렸다. 누가 나를 죽이려 한다'라는 피해망상, 허무감, 죄책 망상 등이 생기며, 자살에 대한 생각에 계속 사로잡혀 결국에는 자살을 시도하게 되는 경우도 있다. 실제로 보면 사랑했던 사람이 죽거나, 떠나가 버렸을 때, 실연을 당했을 때, 갑자기 직장을 잃었을 때, 애써 모은 돈을 사기 당했을 때, 자존심이 크게 상처받았을 때 등 마음의 중심이 되어 의지해 왔던 대상이 없어진다든가, 박탈당했을 경우, 우울증이 생길 가능성이 높다. 상실된 대상에 대해 화가 나고, 복수를 하고 싶어 공격심이 생길 때 억제하다 보면 우울증이 심해지고 억압된 분노와 공격의 화살이 자신에게 향하게 되며, 결국 불행함을 자초하는 지경에 이르게 되는 것이 우울증이다.

우울증은 어떻게 찾아오는 걸까?

첫째, 우울증은 흔히 쓸모없는 느낌, 방향 감각 결핍, 실제 또는 상상적인 죄의식, 열등의식, 부적합함, 어떤 사업에 대한 실패 등에서 온다고 할 수 있다.

우울증은 목표를 달성할 수 없을 때, 실제 또는 상상적인 거부나, 비난에서 오는 감정이 많은 사람의 경우에 있어서 공통이라고 할 수 있다.

둘째, 우울증은 분노의 간접적인 표시인데 이것은 곧 표현되지 못한 격심한 분노와 여기에 대한 죄의식에서 온 결과이다.

사람들은 보통 자기들이 어떤 사물이나 인간에 대해 분노를 품었을 때 이 분노를 표현하거나 인정할 수 있는 단계에 이르지 못하고 숨기기 때문에 우울해진다. 이때 분노는 죄의식으로 변하고, 이것은 다시 우울증으로 나타나게 된다.

셋째, 우울증은 보통 어떤 사람, 즉 사랑하는 사람을 잃었을 때와 귀중하고 가치 있는 것들, 즉 지위, 명성, 기회, 또는 안정을 잃었을 때에 올 수 있다.

넷째, 죄의식 역시 우울증을 일으킬 수 있다.

다섯째, 우울증은 어린 시절에 충분한 사랑과 애정을 받지 못한 결과로 나타날 수 있다.

여섯째, 우울증은 신체적인 원인에서 올 수 있다. 빈약한 식사나 수면, 운동부족, 질병, 뇌종양, 생화학적인 불균형, 유전적인 요인 등 모든 것이 우리 몸에, 나아가서 감정에 영향을 끼칠 수 있다. 여기서 보듯이 우울증이란 한 가지 원인으로 생기는 것이 아니란 것을 알 수 있다. 특히 우울증은 죄악, 공포 불안이 혼합된 모호한 감정이다.

우울한 생활이 비관을 부른다

우울증에 걸린 사람들의 외적인 면은 언제나 축 늘어져 있어서 자세가 구부정하며 고개를 거의 숙이고 있다. 고개를 제대로 들지 못하고 어깨는 힘이 없으며, 몸단장을 전혀 안 한다. 우울증에 걸린 사람을 보면 머리도 감지 않고 세수도 안 한다.

남자의 경우 수염도 안 깎고 양치질도 하지 않으며 늘 불안하고 초조하다 보니 활기찬 삶을 살아가기가 어렵다. 또 우울증에 걸려 있으면 남편과의 관계도, 시부모님과의 관계도, 친정 부모님과의 관계도 좋지 않다. 관계 속에서 문제를 가지고 있고, 그 문제 때문에 아파하고 힘들어하는 경우가 많다. 이뿐 아니라 우울증에 걸린 사람들의 특징이 있다.

첫째, 우울증에 걸린 사람들은 100%로 죽음을 생각하고 있다.

미국의 통계에 의하면 자살한 사람들의 3분의 2가 죽음 직전에 우울증으로 인하여 죽는다고 한다. 그러니까 자살과 우울증은 상당한 관계가 있어서 우울증이 심하면 자살로 끝날 수 있다.

둘째, 우울증에 걸린 사람들은 집중력이 떨어진다.

사람과의 관계 속에서 사소한 말 한마디에도 굉장히 흥분하며 신경질을 부리기도 하고, 조금 전까지는 힘이 없어 보이던 사람이 갑자기 힘을 얻어서 소리 지르며 화를 내고 짜증을 부린다. 이런 사람들은 자꾸 스스로를 고립시키며 자기 생각 안에 완전히 갇히게 된다. 이렇게 우울증에 걸린 사람들은 미래에 대한 희망이 없어서 늘 염려스러운 생각만 골라서 한다.

구약성경에서 우울증 때문에 고생한 사람을 든다면 '모세와 엘리야'라고 할 수 있다. 마태복음 17장에 보면 예수님께서 산에 올라가 변형된 모습으로 대화하실 때 모세와 엘리야와 대화하셨다. 왜 하필이면 모세와 엘리야가 대화의 상대자로 나타났을까? 모세는 율법의 대표자였고, 엘리야는 선지자의 대표자였기 때문이다.

예수님께서 이 두 사람과 대화를 나누셨다는 사실은 율법과 예언의 완성을 하신 분이라는 의미가 있다. 심지어 엘리야는 예수님 시대에 세상의 심판이 있기 전에 이 땅에 올 예언자로 알려져 있을 정도로 유명했다(말 4:5~6, 마 11:14, 17, 요 1:21).

열왕기상 18장에 보면 엘리야는 바알 신을 섬기는 선지자 450명과 아세라 신을 섬기는 선지자 400명, 모두 850명의 우상 신들을 섬기는 선지자들과 대결해서 승리했다. 또한 엘리야 선지자는 기도함으로써 3년 6개월 동안 가물었던 이스라엘 땅에 비를 내리는 기적을 행했던 선지자다. 엘리야는 죽을 때에도 보통 사람들처럼 자연적인 죽음을 맞지 않고 회오리 바람으로 하늘로 승천했다(왕하 2:11). 그런데 이런 엘리야가 우울증에 걸려서 기진맥진하게 되었다. 흔히들 '우울증'이라고 하면 마음이 여리고 내성적인 사람에게만 찾아온다고 잘못 생각하기 쉽다. 그러나 그렇지 않다. 누가 보더라도 명랑하고 적극적인 사람도 감당하기 어려운 형편에 처하게 되면 우울증에 걸릴 수 있는 것이다.

그러면 어떻게 엘리야가 영적 침체에서 벗어날 수 있었을까?

우울증 치료

1. 하나님의 위로

우리가 믿는 하나님은 위로의 하나님이시다. 믿음의 자녀들이 힘든 일들을 만나서 마음고생을 할 때 위로해주시는 분은 하나님이시다. 엘리야가 차라리 자기를 죽여 달라고 울부짖다가 지쳐서 로뎀나무 아래서 잠이 들었을 때, 하나님은 천사를 보내어 숯불에 구운 떡과 물 한 병을 준비해 주시고 그로 하여금 먹고 마시게 했다. 그가 두 번씩이나 떡과 물을 먹고 마실 때 천사가 엘리야를 어루만지면서 "일어나서 먹으라"고 권면하였다. 이렇게 하나님께서 낙심과 패배감 속에 있던 엘리야를 위로해 주셨기 때문에 회복된 것이다. 즉 우울증은 위로가 있을 때 회복되는 것이다.

2. 예배의 회복

하나님의 천사가 전해 준 떡과 물을 마신 뒤 엘리야는 힘을 얻고 기력을 회복했다. 그 뒤 엘리야는 40일을 밤낮으로 걸어가 호렙산에 있는 굴 안으로 들어갔다. 여기서 엘리야는 하나님의 음성을 듣게 되었다. 이처럼 우리도 마음이 답답하고 낙심되고 우울할 때 하나님의 성전으로 가야 한다. 여기서 호렙산은 오늘의 성전을 뜻한다. 하나님께서 가장 분명하고 가장 활발하게 역사하시는 장소가 성전이기 때문이다.

엘리야는 하나님을 만나기 위해서 하나님의 성산, 호렙산에 있는 굴 안으로 들어간 것이다. 마찬가지로 오늘 우리가 진정으로 마음의 병을 고침 받고자 한다면 하나님의 성전으로 들어가야 한다. 왜냐하면 우리의 마음을 온전히 고칠 수 있는 분은 오직 하나님 한 분이시기 때문이다.

이런 말이 있다. "자동차를 타지 마십시오. 왜냐하면 모든 치명적인 사고의 20%가 자동차 사고로 일어나기 때문입니다. 집에 있지 마십시오. 왜냐하면 모든 사고의 17%가 집에서 일어나기 때문입니다. 횡단보도를 걷지 마십시오. 왜냐하면 모든 사고의 14%가 횡단보도를 걷다가 일어나기 때문입니다. 비행기나 배, 열차를 타고 여행하지 마십시오. 왜냐하면 모든 사고의 16%가 바로 이와 같은 여행으로 일어나기 때문입니다. 그러나 예배 중에 일어나는 사고는 0.001% 불과합니다."

마음이 우울한 사람들은 교회에 있는 것이 가장 안전한 방법이다. 그 안전한 하나님의 성전에서 찬송할 때 우울증이 깨끗이 치료를 받게 될 것이다.

"주 예수의 은혜를 입어 네 슬픔이 없어지리
네 이웃을 늘 사랑하여 너 받은 것 거저 주라
주 예수께 조용히 나가 네 마음을 쏟아 노라
늘 은밀히 보시는 주님 큰 은혜를 베푸시리"

3. 하나님의 음성

엘리야가 호렙산 굴에 들어가 앉아 있었을 때, 하나님은 엘리야에게 산 위에 서 있으라고 명령하셨다. 그때 제일 먼저 크고 강한 바람이 산을 가르고 바위를 부수며 지나갔다. 그러나 하나님은 거기에 계시지 않았다. 두 번째로 지진이 지나갔지만 거기에도 하나님은 계시지 않았다. 마지막으로 불이 있었지만 불 속에서도 하나님은 계시지 않았다. 그런데 바람과 지진과 불이 모두 지나간 뒤 세미한 소리가 들렸다. 바로 이 세미한 소리에서 엘리야는 하나님의 음성을 듣게 되었다.

낙심 중에 있던 엘리야가 바람이나 지진이나 불과 같은 거창하고 요란스러운 것에서 하나님의 임재를 보지 못했지만 아주 세미한 소리, 침묵에 가까운 소리에서 하나님의 목소리를 들었던 것이다. 이것은 우리의 마음이 정돈될 때에만 세미한 음성을 들을 수 있다는 것을 알려주는 교훈이다.

그러면 우울증에 걸린 사람을 돕는 방법은 무엇인가?

성경적으로는 하나님 앞에서 치료받지 못할 질병은 없다고 본다. 그래서 우울증도 치료될 수 있다. 그러나 한 번의 기도나 한 번의 상담으로 하루아침에 치료될 수 있는 그런 성질의 것은 아니다. 우선 그리스도인들도 우울증이 심해서 잠을 여러 날 자지 못하거나 환청이나 환각의 증세가 보일 때에는 입원을 시켜서 의학적인 치료를 받아야 한다. 그리고 계속적으로 상담을 통해서 속에 있는 분노를 해소해야 하며, 특히 자신의 문제를 스스로 책임질 수 없기에 예수 그리스도께서 십자가 위에서 이미 다 해결하셨다는 것을 지속적으로 확인시켜 주어야 한다.

① 계속적으로 기도하기.
② 계속적으로 관계를 지속하기.
③ 종합 건강 진단을 받아보기.
④ 상담을 하기.
⑤ 실제적인 방법으로 도움 받기.
⑥ 작은 기쁨을 함께 나누기.
⑦ 지혜롭게 말하기.

우울증을 치유하기 위해서는 혼자 있는 시간을 피하고, 하나님의 도움을 구해야 한다. 찬양하며 하나님께 감사하면서 말씀 속에 나타나는 능력을 의지하고 성령의 임재 가운데 편히 쉴 때 우울증은 치유될 수 있다.

묵·상·의·글

인생의 응어리

크리스티 김 선교사 쓴《인생의 응어리를 풀라》라는 책에 보면 이런 내용이 나온다.

어느 여자 분이었는데 그 안에 귀신이 여덟이나 들어 있었다. 소그룹 모임에서 기도하던 중에 귀신들린 것이 드러났다. 귀신에게 나가라고 명령했다. 그런데 귀신이 이렇게 대꾸를 한다.

"나 여기 있은 지 오래 됐어."

성경에서는 나가라고 명령하면 나가던데 이 귀신이 대꾸만 하고 계속 안 나갔다.

"얘가 나 좋아해."

귀신이 별별 대꾸를 다 했다. 그렇게 결국 45분 만에 귀신 하나가 나갔다.

귀신 여덟이 나가는데 오랜 시간이 걸리면서 "이것은 뭔가 잘못됐다"라고 깨달았다. 하나님께서는 왜 더러운 귀신이 그렇게 오래도록 나가지 않았는지 나에게 깨달음을 주셨다.

그 이유 중 하나는 그 사람의 마음 가운데 마귀가 덜미를 잡을 수 있는 고리가 남아 있기 때문이다. 그것이 제거되지 않은 상황에서 귀신에게 나가라고 하니까 그 고리를 붙잡고 귀신이 안 나갔던 것이다.

좌절감의 회복

로뎀나무 아래에 누워 자더니 천사가 그를 어루만지며 그에게 이르되
일어나서 먹으라 하는지라 본즉 머리맡에 숯불에 구운 떡과 한 병 물이 있더라
이에 먹고 마시고 다시 누웠더니(왕상 19:5~6)

이 땅에 살아가는 모든 사람은 좌절감을 맛보지 않은 사람이 없다. 어린이에게도 좌절감은 있고, 청소년에게도 좌절감은 있고, 중년에게도 노년에게도 좌절감은 있다. 무엇인가 목적을 이루기 위해서 노력했지만 내 뜻대로, 내 생각대로, 내 의지대로 이루어지지 않을 때 자기 무능과 분노와 함께 좌절감을 느낀다. 이런 좌절감 때문에 사람들은 수많은 고통을 느끼는 것이다. 자신이 원하는 것을 상실할 때 처음으로 좌절감을 느낀다. 스스로 하고 싶은 일을 성취하지 못하는 것에 대한 감정의 고통이 좌절인 것이다.

스웨덴에서 노벨상을 만든 노벨(alfred bernhard Nobel)은 어릴 때부터 유난히 몸이 쇠약한 편이었다. 언제나 동네 아이들이 기운차게 뛰노는 모습을 부러운 눈초리로 바라보면서 성장했다. 너무도 몸이 쇠약해서 몇 번이나 죽을 고비를 겪기도 했다. 노벨의 아버지는 화약 공장을 경영하고 있었는데 자주 폭발사고가 일어나 수많은 사람이 목숨을 잃기도 했다. 이 일로 아버지의 사업은 사양길에 접어들고 있었다. 동생마저도 폭발사고로 죽게 되자 결국 아버지는 화병으로 앓아눕게 되었다. 그러나 노벨은 아버지의 일을 도우면서 화약에 대한 지식을 얻게 되었고, 마침내 다이너마이트를 발명해서 엄청난 부자가 되었다. 어릴 때 동네 아이들이 기운차게 뛰노는 모습을 부러운 눈초리로 바라보던 노벨은, 모든 사람의 존경의 대상이 되었다. 노벨의 마음속에 있던 좌절감은 인생을 역전시키는 다이너마이트의 도화선이 되었기 때문이다.

좌절의 원인은 다섯 가지이다.

첫째, 복잡한 사회 환경에서 찾아오는 경우.

둘째, 미래 사회에 대한 불안에서 찾아오는 경우.

셋째, 신체적 질병에서 찾아오는 경우.

넷째, 나쁜 습관에서 찾아오는 경우.

다섯째, 성공을 위한 경쟁에서 찾아오는 경우.

이런 요소들이 모든 사람에게 영향을 주고 항상 기쁨을 소멸시킨다.

고대 아테네의 유명한 웅변가이자 정치가였던 데모스테네스

(Demosthenes)는 한때 말더듬이였다. 그 약점을 극복하기 위하여 그는 풍랑이 몰아치는 바다로 가서 조약돌을 입에 물고는 바다를 향해 말하기 시작했다. 마침내 그는 언어 장애를 극복하고 웅변가가 되었다.

미국의 성직자요 강연자였던 헨리 워드 비쳐(Henry Ward Beecher)는 한때 부끄러움을 잘 타는 재치 없는 소년이었고, 그의 말은 넓은 입천장 때문에 또렷하지 않았다. 그러나 하나님의 도우심으로, 힘 있게 연설을 할 수 있게 되었고, 메시지를 통하여 수천 명의 사람들에게 영향을 주게 되었다.

위대한 작가 로버트 루이스 스티븐슨(Rovert Louis Stevenson)은 병약자였으나 좌절감에 굴복하기를 거부하고, 병상에 누워 있는 동안에 많은 귀한 작품들을 썼다.

유명한 발명가 토마스 에디슨(Thomas Edison)은 전구를 발명하는 과정에서 여러 차례의 실수를 거듭했다.

최근에 "현대 사회 환경과 청소년의 좌절"이라는 논문에 청소년들이 일상적인 대인 관계에서 가장 많은 좌절감을 느끼는 대상은 누구라고 생각하는가라는 질문에, 제1위 친구(37.2%), 제2위 선생님(14.6%), 제3위 부모(11.8%), 제4위 선후배(11.7%), 제5위 웃어른(8.7%) 순으로 나왔다.

그러면 언제 좌절감을 가장 많이 느끼느냐는 질문에는, 1위 혼자 있을 때(35.5%), 2위 학교에 있을 때(27%), 3위 지역사회에 접할 때(14.6%), 4위 대중매체와 접할 때(11%), 5위 집에 있을 때(9.5%)라고 대답했다.

이들이 학교에서 많은 좌절감을 느끼는 것은 교사, 친구, 학업성적 등이 좌절감을 준다고 보고하고 있다. 이처럼 좌절감은 먼 데 있는 것이 아니라 우리 생활에 가까이 있다.

직장에서, 가정에서, 사업장에서 뭔가 살아가는 삶의 현장에서 내 계획대로 안 될 때 좌절감을 느낀다.

신앙의 사람에게 찾아온 좌절감

어느 날 신앙의 사람 엘리야에게도 인생의 좌절감이 찾아왔다. 그는 신앙의 뜨거운 체험을 가진 사람이었다. 엘리야는 갈멜산에서 바알의 제사장 450명과 대결하여 완승을 거두었던 사람이다. 그런데 아합 왕의 부인 이세벨이 엘리야의 생명을 위협하자 호렙산 로뎀나무 아래서 하나님께 내 생명을 가져가라고 하면서 좌절하게 되었다. 지금까지 엘리야는 매사에 최선을 다했지만 주위 환경이 변한 것이 없다고 느꼈기 때문에 좌절했던 것이다. 엘리야는 이 상황에서 좌절하기보다는 승리의 성취감으로 감사 찬송을 드려야 했다. 그런데 이세벨의 말 한마디에 로뎀나무 아래서 좌절하였다.

이처럼 사람은 감정의 동물이다. 누군가에게 좋지 않은 소리를 들으면 낙담하고 좌절한다. 그러기 때문에 우리는 무슨 말을 하든지 사람들에게 좌절감을 주는 언어는 사용하지 말아야 한다.

탈무드(Talmud)에 이런 이야기가 있다. 어느 날 마귀가 벼룩

시장에서 정욕, 거만, 증오, 사랑, 시기, 질투라는 이름 앞에 가격표를 붙여 놓고 팔았다. 그때 제일 비싸게 팔린 것이 좌절이었다. 사람이 좌절하면 아무것도 할 수 없다. 용기도, 힘도, 성취감도, 희망도 없기 때문이다.

서점가에 《*Lesson from the Top*》이라는 책이 있다. 이 책에 제네랄 일렉트릭의 경영자인 잭 웰치(Welch, Jack)라는 사람의 이야기가 나온다. 젝 웰치의 어머니 그레이스는 아들에게 희망을 주는 어머니였다. 잭 웰치가 어린 시절, 말을 심하게 더듬으니까, 어머니 그레이스는 언제나 이렇게 말했다고 한다.

"네가 말을 더듬는 것은 말을 빨리 하려고 하기 때문이야. 그러므로 이제 말을 천천히 해라. 사람들이 말을 빠르게 하는 것이지 네가 말을 늦게 하는 것이 아니란다."

'모든 사람이 나를 믿지 않을 때 어머니는 믿었고, 내가 나를 믿을 수 없을 때 어머니는 나를 믿었고, 너는 할 수 있다는 이 믿음 때문에 나는 어떤 일에도 실망하지 않고 일을 할 수 있었다.'

이렇게 언제나 희망을 주는 어머니 때문에 좌절하지 않고 뭐든지 할 수 있어서 오늘의 CEO가 되었다고 말한다.

'할 수 있다' 의 반대말은 좌절이다. 희망의 반대말은 좌절이다. 하나님은 언제나 우리에게 희망의 메시지를 주신다.

"믿는 자에게는 능히 하지 못할 일이 없느니라" (막 9:23)

"내게 능력 주시는 자 안에서 내가 모든 것을 할 수 있느니라" (빌 4:13)

"우리가 사방으로 욱여쌈을 당하여도 싸이지 아니하며 답답

한 일을 당하여도 낙심하지 아니하며" (고후 4:8)

"형제들아 너희는 선을 행하다가 낙심하지 말라" (살후 3:13)

좌절하지 않기 위해서 해야 할 일

1. 반복되는 기도 속에 회복이 있다.

하나님은 기도하는 사람들에게 어떤 상황에서도 무엇이든지 할 수 있는 능력과 지혜를 주신다.

"하나님은 나를 돕는 이시며" (시 54:4)

"주는 나를 돕는 이시니 내가 무서워하지 아니하겠노라" (히 13:6)

"내가 산을 향하여 눈을 들리라 나의 도움이 어디서 올까, 나의 도움은 천지를 지으신 여호와에게서로다" (시 121:1~2)

이처럼 힘들고 어려울 때 '나 혼자'라고 생각하지 말고 하나님이 우리와 함께 하신다는 사실을 믿고 기도해야 한다. 그때 우리는 회복될 수 있다.

2. 늘 감사하면서 사는 자세가 필요하다.

날마다 만족하면서 살면 좌절은 물러가고 내 안에서 감사가 샘솟아 오른다. 엘리야는 좌절 속에 있을 때 하나님의 세미한 음성을 들었다. "엘리야야! 네가 어찌하여 여기서 있느냐. 좌절하며 낙심하고 있느냐. 너는 하나님을 바라라."

엘리야는 드디어 기도하다가 하나님을 만났고 모든 오해가 풀렸다. 그는 하나님 앞에서 오직 나만 남았다고 낙심하고 있었지만 하나님은 이미 칠천 명을 준비시켜 놓으셨던 것이다.

3. 선한 일을 행함으로써 극복할 수 있다.

존 하가이의 저서 중에 《내 아들 존》이라는 책이 있다. 존은 외아들로 태어날 때부터 정신박약아였다. 존은 예배시간에 휠체어에 앉아서 아버지의 설교를 듣곤 했는데 소리를 지르면서 좋아했다. 하가이 부부는 존을 치료하기 위해 22년 간 안고 다니면서 애를 썼지만 결국 죽고 말았다.

하가이는 자신의 마음에 깊은 상처를 남기고 죽은 아들 존을 위해 제3세계 아프리카와 아시아의 가난한 사람들에게 복음을 전하기로 결심했다. 그리하여 그는 세계 곳곳을 돌아다니며 '하가이 인스티튜드'라는 단체를 조직했다. 하가이 인스티튜드는 제3세계 선교방법을 모색하고 선교사를 훈련하여 파송하는 기관이다. 하가이는 깊은 상처의 치유방법을 실망과 좌절이 아닌 선한 일을 행함으로써 찾았던 것이다.

누구든지 실망과 좌절을 바라보기만 한다면 "우리는 거기서 헤어날 수 없으나, 하나님의 뜻을 위해서 보다 선한 일, 의미 있는 일을 위하여 헌신하게 된다면 우리의 상한 마음을 치유하고 남에게 소망을 주게 된다"고 간증했다.

"우리가 알거니와 하나님을 사랑하는 자 곧 그의 뜻대로 부르심을 입은 자들에게는 모든 것이 합력하여 선을 이루느니라"(롬 8:28).

선한 일을 합력하면 무엇이든지 극복할 수 있다. 하나님은 좌절한 사람들을 향하여 승리자가 되라고 말씀하신다. 우리도 어떤 일로 인하여 낙심될 때 다시 일어나야 한다. 하나님께서 도와주시기 때문이다. 예수 그리스도에 대한 깊은 신앙을 가지고 있는 사람들은 이 세상에 존재하는 모든 좌절과 갈등들에 좀 더 잘 대처할 수 있다.

"그는 넘어지나 아주 엎드러지지 아니함은 여호와께서 그의 손으로 붙드심이로다"(시 37:24)

묵·상·의·글

격려하면 위대해진다

캘리포니아 말리브에 있는 페퍼다대학교의 졸업식 날이었다. 그날 1백 명의 학생들이 학사학위를 받았는데 대학 졸업자의 평균연령이 40세에 가까웠다. 고령의 졸업자 가운데 67세의 할머니가 있었는데, 그는 10명의 자녀와 27명의 손자 손녀를 가진 할머니였다. 그 할머니가 학사학위를 받으려고 단상에 올라가자 한 백발의 노인과 여러 사람들이 앉았던 자리에서 환호가 터져 나오기 시작했다.

졸업식이 끝나고 그 할머니는 자기가 다니는 교회 목사님을 만난 다음 눈물을 흘리면서 손을 꼭 붙잡고 말했다.

"목사님, 나에게 만약 믿음을 심어 주지 않았더라면, 나의 하나님이 내가 좌절할 때마다 새 힘을 주시지 않았더라면, 나는 시작하자마자 포기했을 것입니다."

그때 목사님은 말했다.

"이제 절망감을 버리고 말씀으로 다시 일어서십시다."

이 말 한마디가 좌절에서 회복으로 옮겨지는 터닝 포인트가 된 것이다.

외로움의 회복

여호와여 내 기도를 들으시고 나의 부르짖음을 주께 상달하게 하소서
(시 102:1)

1979년 뉴욕에서는 일본의 유명한 사진작가의 전시회가 있었다. 〈고독〉이라는 제호의 사진전이었는데, 여기서 작가는 사진의 부제를 '한 인간의 고독' 이라고 붙였다. 사진전의 내용은 이렇다.

뉴욕의 뒷골목, 흑인들만이 살고 있는 거리에 불이 꺼진 석유난로가 있고, 새벽녘에 뿌옇게 창가를 찾아오는 냉기만이 있는 방안에 한 노인이 벽을 향하여 담요를 뒤집어 쓰고 앙상하게 누워있다. 그리고 머리맡에는 전화가 한 대 놓여 있었다. 그런데 이 전화가 사진의 초점이었다. 아무도 찾아주지 않는 밀폐된 방안에 외부 세계와의 연결되는 전화선이 놓여 있었다.

어김없이 하루에 한 번씩 전화벨이 울렸다.

"밤새 별 일이 없으셨습니까?"

이 전화는 자녀들이나 친구들이 아닌 장의사의 문의 전화였다. 전화의 응답이 없으면 이 노인이 간밤에 별세한 줄로 알고 앰뷸런스가 늦지 않게 찾아오도록 조치가 되어 있었다. 그의 죽음을 확인하려는 전화선 하나 외에는 외부 세계와 단절된 상태에서 죽음 앞에 서 있는 한 인간의 고독을 상징화한 사진전이었다.

사람은 누구에게나 외로움이 있다.

영국의 시인 클레 릿치는 〈늙은 수부〉에서 "홀로 홀로 모두 다 홀로 이 넓고 넓은 바다 위에서 모두가 다 홀로"라는 말을 했다. 결국 사람은 위기나 절망 앞에 혼자인 것이다.

필자의 아버님이 병으로 고생하실 때 결국 모든 질병을 혼자 지고 가는 것을 보면서 얼마나 외로우실까, 얼마나 절망적일까 하는 생각을 해보았다. 좋을 때는 옆에 친구들이 있는 것 같지만 쓸쓸하고 외로울 때는 결국 혼자인 것이다.

시인 엘리어트는 고독은 암과 같은 무서운 실존의 병이라고 했다. 외로움은 결국 우리를 무너뜨리는 요소라고 말할 수 있다. 사람은 혼자 있을 때 유혹이 찾아온다. 이 유혹 때문에 생각하지 말아야 할 것들을 생각하고, 가지 말아야 할 곳을 가게 되고, 넘지 말아야 할 범주를 넘게 된다.

우리가 외로운 이유

시편 102편의 저자도 개인적, 국가적인 어떤 외로움 때문에 하나님 앞에 기도하고 있다. 시편 102편 표제에 '고난 당한 자가 마음이 상하여 그의 근심을 여호와 앞에 토로하는 기도'라고 붙여 있는 것을 보면, 시편의 저자도 외로움 때문에 두 가지로 고민한 것을 볼 수 있다.

1. 개인적인 고민

개인적인 질병과 고난이 시편의 저자에게 찾아왔다. 그것이 어떤 질병인지 모르지만 병든 자의 고독, 외로움은 이루 말할 수 없다. 누군가가 나를 외면하는 것 같고, 멀리하는 것 같다. 또 정상적으로 활동하지 못하는 안타까운 자신의 모습이 외롭고 고독하다. 그때 누구든지 이렇게 말한다.

"이 마음을 누가 알아!"

내 생각을 누군가 알아주지 못할 때 찾아오는 그 외로움은 말로 형언할 수 없다. 이때 찾아오는 것이 고독이다.

2. 국가적인 재난으로 인한 고민

국가적인 재난으로 인해서 위기가 찾아와서 희망이 없을 때 찾아오는 절망감은 이루 말할 수 없다.

중국 상해에 있는 임시정부 청사를 방문하면서 국가를 잃어버리고 작은집, 1층, 2층, 3층에서 나라를 재건하기 위해서 몸부

림 친 김구 선생님과 독립투사들의 모습을 보았다. 또 홍구 공원에 윤봉길이라는 청년은 25세에 일본 주요 인사들이 연설을 할 때 도시락 폭탄을 던져서 자기의 몸을 불살랐다. 나라가 위기 때 외롭게 투쟁했던 열사들을 보았다. 이처럼 시편의 저자도 국가적인 일로 인해서 하나님 앞에 기도를 하고 있다.

"여호와여 내 기도를 들으시고 나의 부르짖음을 주께 상달하게 하소서 나의 괴로운 날에 주의 얼굴을 내게서 숨기지 마소서 주의 귀를 내게 기울이사 내가 부르짖는 날에 속히 내게 응답하소서" (시 102:1~2)

시인은 국가적으로 어려움에 직면하고 있을 때 하나님께 부르짖으면서 자기의 형편을 기도로 아뢰고 있다. 자기의 형편이 얼마나 처절했던지 한절 한절 자기의 모습을 이렇게 고백한다.

"내 날이 연기 같이 소멸하며 내 뼈가 숯 같이 탔음이니이다 내가 음식 먹기도 잊었으므로 내 마음이 풀 같이 시들고 말라 버렸사오며 나의 탄식 소리로 말미암아 나의 살이 뼈에 붙었나이다 나는 광야의 올빼미 같고 황폐한 곳의 부엉이 같이 되었사오며 내가 밤을 새우니 지붕 위의 외로운 참새 같으니이다 내 원수들이 종일 나를 비방하며 내게 대항하여 미칠 듯이 날뛰는 자들이 나를 가리켜 맹세하나이다 나는 재를 양식 같이 먹으며 나는 눈물 섞인 물을 마셨나이다 주의 분노와 진노로 말미암음이라

주께서 나를 들어서 던지셨나이다 내 날이 기울어지는 그림자 같고 내가 풀의 시들어짐 같으니이다"(시 102:3~11)

이렇게 육체적인 질병을 앓고 있으면서 정신적으로 극심한 외로움을 느끼고 있었다. 그는 질병에 걸리고, 많은 친구들이 배신하고, 비방하자 극심한 외로움 속에서 잠을 이루지 못했다. 이 일로 음식을 먹지 못하자 몸도 마음도 쇠약해져서 마른 풀처럼 연약해졌다. 이것은 위기이다.

위기 때에 내 안에 찾아오는 외로움을 극복하고 건강한 삶을 영위할 수 있는 방법은 무엇일까 생각해보자.

외로움의 치유 방법

1. 내 마음과 생각을 나눌 수 있는 믿음의 친구를 가져야 회복된다.

어느 날 욥이 고난당하고 있을 때 세 친구가 찾아왔다. 그리고 칠일 칠야를 그와 함께 지내면서 그의 곤고함을 보고 위로하였다(욥 2:11). 그때 욥은 친구의 위로를 받고 일어나게 되었다.

유명한 과학자였던 퀴리 부인은 역경에 처할 때 자기의 진정한 친구의 숫자를 셀 수 있다고 말했다. 잠언 17장 17절에 "친구는 사랑이 끊어지지 아니하고 형제는 위급한 때를 위하여 났느니라"라고 했다. 이 말은 사람이 위기를 만났을 때 친구와 형제를 알아볼 수 있다는 것이다.

가끔씩 장례식을 집례할 때 보면 너무 쓸쓸한 장례식장이 있다. 물론 알리지 못한 상황, 예외적인 상황이 있다. 그러나 쓸쓸한 장례식 뒤에는 그분이 평소에 다른 사람을 찾지 않았음을 알 수 있다. 다른 사람의 고통을 외면한 사람, 다른 사람의 아픔에 둔감한 사람은 나중에 자기가 가장 고독한 상황에 처했을 때, 찾아오는 사람이 없는 모습을 볼 수 있다.

탁월한 카운슬러이며 의사인 스위스의 폴 트루니에가 쓴 《인간 치유의 심리학》이라는 책에 이런 말이 나온다.

"당신이 배우자와 더불어 많이 통할 수 있다면 당신의 아내, 당신의 남편과 더불어 마음이 통할 수 있는 애정의 관계를 가질 수 있다면, 그리고 당신의 동성 가운데 마음이 통할 수 있는 몇 명의 친구가 있다면 당신의 인생의 삶에 아무리 폭풍우가 요란해도 당신은 그 폭풍우를 뚫고 나갈 수 있을 것이다."

우리가 어느 곳에 있든지 마음이 통하고 함께 기도할 수 있는 친구 몇 사람만 있어도 인생길은 외롭지 않을 것이다.

"이 세상의 친구들 나를 버려도 나를 사랑하는 이 예수뿐일세
예수 내 친구 날 버리지 않네 온 천지는 변해도 날 버리지 않네
검은 구름 덮이고 광풍 일어도 예수 나의 힘 되니 겁낼 것 없네
예수 내 친구 날 버리지 않네 온 천지는 변해도 날 버리지 않네
괴로운 일 당해도 낙심 말아라 영원한 주 능력이 붙드시겠네
예수 내 친구 날 버리지 않네 온 천지는 변해도 날 버리지 않네"

2. 섬기는 사역을 하면서 살아야 회복된다.

대부분의 외롭다고 말하는 사람들은 섬김의 사역을 등한히 한 사람들이다. 자기중심적으로 살다 보니 외롭고 쓸쓸한 것이다. 그러나 섬기는 사람들에게는 외로움이 존재하지 않는다.

인도에서 사역했던 테레사 수녀에게 한 미모의 처녀가 찾아왔다. 이 자매는 좋은 대학을 나왔고 좋은 아버지 밑에서 경제적으로 부유하게 살고 있었다. 그러던 이 자매에게 인생 회의가 찾아왔다. 자살하려고 할 때 누군가가 테레사 수녀를 한 번 만나보라고 권면했다.

테레사 수녀는 이 처녀에게 우리 수녀원에서 6개월만 봉사하라고 부탁했다. 그리고 나머지 인생길은 결정하라고 했다. 6개월 동안 이 처녀는 열심히 일을 하면서 자살이 사치였다는 것을 깨닫게 되었다.

진정한 섬김의 사역에서 외로움과 고독을 느낄 시간이 없었다. 대부분의 사람들이 외로움을 느끼는 것은 그의 중심이 하나님께 있지 않고 자기 자신에게 맞추어져 있기 때문이다. 자기 자신에게 인생의 초점이 맞추어져 있으면 이웃과 민족을 위해서 살 시간이 없다. 그러므로 우리 중심의 세계가 하나님 중심의 시간으로 바뀌어져 갈 때 외로움에서 벗어날 수 있다.

3. 하나님과 교제하는 시간을 많이 가져야 회복된다.

시편의 저자는 자기 자신의 문제를 집중할 때 내가 외롭게 죽는 게 아닌가 생각하면서 두려워했다. 그러나 그가 하나님을 묵상하고 교제를 가짐으로써 외로움을 극복하고 이렇게 말한다. "중년에 데려가지 마소서." 이 말은 중년의 위기를 하나님과의 교제를 통해서 극복했다는 이야기이다.

중년에는 외로움이 가장 많을 때이다. 이때 하나님과의 깊은 교제의 시간을 많이 가져야 우리의 삶이 외롭지 않다.

'메시야'를 작곡한 헨델은 음악에 천재였으나 친구가 없어서 외로운 사람이었다. 그의 몸은 가벼운 중풍까지 걸려서 신체가 부자유했다. 헨델의 음악은 그 당시 인기가 없어서 그가 작곡한 오페라에는 항상 관객이 없었다. 게다가 빚쟁이들이 빚을 갚으라고 독촉했다.

어느 날 저녁 헨델은 음악가들이 모이는 파티에 갔다가 거절당하고 외롭게 집으로 돌아왔다. 그는 아파트에서 친구가 놓고 간 메시야라는 성경구절을 발견하고, 이사야 40장 1절의 "너희는 위로하라 내 백성을 위로하라"는 그 말씀을 볼 때 갑자기 마음이 뜨거워지면서 외롭고 쓸쓸한 마음이 사라졌다. 곧 그는 자기를 구원하시기 위해서 이 세상에 오셔서 외롭게 십자가의 고난을 대신 지시고 죽으시고 부활하심으로 영생을 주시는 예수님의 생애를 음악으로 표현했다. 그는 하나님의 만남을 음악으로 표현했던 것이다. 이것이 그 유명한 오라토리오 '메시야'이다.

예수님은 그의 제자들이 다 도망갔을 때에 외로우셨다. 십자가에서 달려 돌아가실 때도 "나의 하나님 나의 하나님 어찌 하여 나를 버리시나이까"라고 외치셨다. 그래서 예수님은 우리의 외로움을 아신다. 우리가 질병으로 고생할 때도, 절망적인 상황 속에 있을 때도 그 외로움을 아신다.

요한복음 14장 16~18절에 "그가 또 다른 보혜사를 너희에게 주사 영원토록 너희와 함께 있게 하리니"라고 하였다. 우리가 외롭지 않도록 예수님은 보혜사 성령 하나님을 보내어 주셨다. 외롭고 쓸쓸할 때 보혜사 성령이 함께 하심으로 우리는 주님과 동행하면서 살게 되었다. 성령이 우리와 함께 하심으로 외로움을 극복하고 말씀으로 승리할 수 있는 힘을 날마다 주시는 것이다.

묵·상·의·글

도전

1994년 11월 6일, 미국 라스베이거스 MGM 그랜드호텔 특설 링에서는 아주 특별한 세계적 복싱 경기가 열렸다. 그것은 WBA와 IBF 헤비급 통합 타이틀전이었는데, 챔피언은 27세의 마이클 무어였고, 도전자는 45세의 복서 조지 포먼이었다. 당시 복싱선수로서 45세이면 마치 할아버지라도 된 양 대접을 받았다. 복싱 관계자들은 처음부터 이 경기를 불가능하다며 만류했다. 복싱에서 황혼기를 맞은 나이나 다름없던 조지 포먼은 이러한 예상을 완전히 뒤집고, 10회 2분경에 회심의 라이트훅을 챔피언 무어의 턱에 날려 인간 승리의 드라마를 연출했다. 이로써 포먼은 1951년 37세의 나이로 타이틀을 획득한 조 월코트보다 8세 더 많은, 그야말로 할아버지 챔피언 복서가 되었던 것이다.

20년 전 세계 헤비급 타이틀전에서 무하마드 알리의 링플레이에 말려들어 8회에 KO패를 당하는 치욕을 맛보고 링을 훌쩍 떠나버렸었다. 그로부터 20년 후 다시 챔피언이 된 그는 "지난 20여 년 동안 나를 괴롭혔던 알리의 환영을 이제야 떨쳐냈다"고 말했다. 이처럼 좌절은 그 누구에게든지 찾아온다. 그러나 그것을 극복하려는 초인적인 힘 앞에는 마침내 좌절을 극복할 수 있는 것이다.

생각의 회복

너는 그에게 말하고 그의 입에 할 말을 주라
내가 네 입과 그의 입에 함께 있어서 너희들이 행할 일을 가르치리라
그가 너를 대신하여 백성에게 말할 것이니 그는 네 입을 대신할 것이요
너는 그에게 하나님 같이 되리라(출 4:15~16)

미국 마이크로소프트사의 빌 게이츠(William Henry Gates III)가 쓴 《생각의 속도》라는 책에서 빌 게이츠는 1980년대를 퀼러티(Quality)시대라고 했고, 1990년대를 리엔지니어링(Re-engineering) 시대라고 했다. 다시 말하면, 이 시대는 변화의 시대, 속도의 시대라고 말하고 있다. 분명히 이 시대는 변화 속에서도 속도가 빨라야 한다.

유행이라고 하는 것을 보면 더욱더 실감이 난다. 유행이 시작하는가 하면 끝나고, 또 다른 것이 시작한다. 그래서 생각의 속도를 따라가질 못한다. 결국 사람들은 생각의 속도가 늦으면 불안해하고 절망한다는 것이다.

바울 사도가 2차 선교여행 중에 고린도교회를 개척하고 거기서 18개월 동안 목회를 했다. 그가 고린도교회를 떠난 후 거짓 선교사들이 들어와서 교인들을 미혹했다. 그래서 바울 사도는 미혹하는 자를 "육체대로 행하는 자"라고 말했다. 결국 사람은 성령의 다스림을 따르지 않고 육체의 생각이 지배하게 되면 하나님을 대적하게 된다.

대부분의 불순종하는 사람들은 자기 생각만 고집하고 다른 사람의 말을 듣지 않는다. 모든 것을 자기 고집대로 한다. 왜냐하면 생각이 하나님 중심이 아니라 자기중심, 육체중심이기 때문이다. 그러나 내 생각이 변화될 때 새로워질 수 있다.

영국의 워드라는 사람은 식물을 재배할 때 무엇이 필요한가를 생각했다. 사람들은 식물을 재배하려면 누구나 흙이 있어야 한다고 생각한다. 그러나 워드는 물 속에다 영양분을 다 섞으면 잘 자랄 것이라고 생각했다. 그가 흙 없이 식물을 배양한 것이 토마토, 메론이었다. 땅에다 심을 때는 고작 20개 열리던 토마토가 수경 재배하니까 120개나 수확할 수 있었다.

이와 같이 내 생각이 다 맞은 게 아니다. 때로는 내 생각을 뒤집을 때 하나님의 역사는 일어난다. 육체적인 생각을 영적인 생각으로 바꿀 때 새로운 역사가 일어난다.

그러면 우리의 마음에서 치유되어야 할 생각은 어떤 것인가?

치유되어야 할 생각

1. 부정적인 생각이다.

부정적인 생각은 우리를 실패하게 만들고 열등감과 불안을 가져다 준다. 같은 사물을 보아도 좋지 않은 것을 보게 한다. 사람을 보아도 단점을 먼저 본다. 같은 말을 해도 소극적이며 비판적인 말을 한다. 그러다 보면 자연스럽게 부정적인 사고로 일관되어서 부정적인 생각이 찾아온다.

심리학자 로버트 오이러는 부정적인 생각을 내 안에서 없애려면 손목에 24시간 고무 밴드를 끼고 있다가 부정적인 생각이 내 안에서 들 때마다 고무 밴드를 퉁기라고 하였다. 이렇게 3주 정도만 하면 부정적인 생각을 치유할 수 있다고 했다.

2. 음란한 생각이다.

음란한 생각은 바른 정도를 걷지 못하도록 한다. 음란은 정도가 아니라 변칙이므로 잘못된 음란한 생각을 버려야 한다. 음란한 그림, 음란한 사이트, 음란한 책과 잡지를 가까이 하지 말아야 한다. 데살로니가전서 4장 3절에 "하나님의 뜻은 이것이니 너희의 거룩함이라 곧 음란을 버리라"고 하였다. 음란을 버릴 때 바른 생각이 나오고 건강해 진다.

3. 우울한 생각이다.

성격적으로 내성적인 사람들이 있다. 종종 사람이 혼자 있기 좋아하다 보면 쓸쓸해져서 잘못된 생각을 많이 하게 된다. 그러다 보면 우울한 생각이 잘못된 생각을 하도록 만들어서 자신을 어둡게 만든다.

4. 원망과 불평하는 생각이다.

원망이나 불평은 결코 우리를 바르게 살지 못하게 한다. 그러므로 원망이나 불평은 자신을 힘들게 한다.

시저의 전기를 보면, 그가 귀족들과 친구들을 위해 아주 큰 잔치를 했다. 그런데 그날은 아주 나쁜 날씨였다. 시저는 기분이 몹시 상하고 화가 나서 부하들에게 활로 쥬피터(Jupiter)를 향해 쏘라고 했다. 그 이유는 이렇게 좋은 날에 자기를 무시하여 비를 오게 했기 때문이라는 것이다. 드디어 부하들이 활을 쏘았으나 화살은 하늘에까지 미치지 못했다. 오히려 그 화살들은 되돌아와서 그들 머리에 떨어져 많은 중상자가 생겨났다. 이처럼 원망과 불평은 자기 자신을 향해서 쏘는 활과 같은 것이다.

5. 미움과 분노의 생각들이다.

누군가를 미워한다거나 서운한 일을 생각하면 분노가 생기게 된다. 이때 내 안에서 일어나는 분노 때문에 사람들이 생각의 죄를 범하고, 문제를 일으키게 된다. 그러므로 미움과 분노의 생각을 치유해야 한다.

생각을 치유하기

1. 생각을 의심 쪽으로 하지 말고 발전 쪽으로 해야 한다.

어떤 사람은 자꾸 의심 쪽으로 생각한다. 생각이 의심 쪽으로 가게 되면 계속 잘못된 추리 능력이 생겨서 결국 돌이킬 수 없는 생각을 하게 된다. 가령 남편이 저녁 늦게 들어온다고 하자. 그러면 '우리 가족을 위해서 밤늦도록 수고하는구나. 얼마나 고생하고 힘들까?' 이런 생각을 하는 사람이 있는가 하면, 반대로 남편이 늦는다 싶으면 오늘 아침에 수상한 전화가 오는 것 같은데 생각이 의심 쪽으로 가서 엉뚱한 생각을 하는 사람도 있다. 결국 엉뚱한 생각은 나 자신을 피곤하게 하고, 내 가족을 괴롭게 하고, 공동체를 어렵게 만든다. 그러니까 무슨 생각을 하든지 발전 쪽으로 생각해야 한다.

리차드 칼슨(Richard Carlson)이 쓴 《생각의 집착을 버리면 당신은 행복해 질 수 있다》라는 책이 있다. 이 책의 관점은 선택이 중요하다는 것이다. 똑같은 일을 어느 쪽으로 생각하느냐에 따라서 행복해 지기도 하고 불행해 지기도 한다는 것이다. 이것은 소유나 지위나 지식의 문제가 아니라 생각의 문제이다.

우리가 어떤 일을 할 때 긍정적으로 생각하면 범사가 행복해진다. 좋은 방향으로 생각하니까 생각이 밝아지는 것이다.

탈무드에 이런 말이 있다.

"가장 강한 사람은 자기 자신을 이기는 사람이다. 그보다 더 강한 사람은 적을 친구로 만드는 사람이다. 가장 풍족한 사람은 자기가 가진 처지에서 만족하는 사람이다."

'나는 만족한다.'

'나는 넘치도록 행복하다.'

그렇게 생각하는 사람이 큰 부자이다.

또 칭찬 받은 사람이 남을 칭찬한다. 칭찬 받기를 원한다면 칭찬하는 쪽으로 그 생각이 발전할 때 칭찬 받는 사람이 될 수 있다. 그래서 첫째는 멀리 생각할 줄 알아야 한다. 둘째는 과거 지향적이냐 미래 지향적이냐, 밝은 미래를 생각하느냐에 따라서 생각의 척도가 달라진다. 셋째는 집중력이다. 생각을 대충 대충해서는 안 된다. 깊이 생각하고 집중해야 한다.

공부하는 학생들을 보면 공부할 때 놀 생각을 한다. 몸은 책상에 앉아 있는데 생각은 멀리가 있으니 집중이 안 된다. 또 그런가 하면 나가 놀 때에 공부할 걱정을 한다. 이제 숙제를 안하면 선생님께 얻어맞을 생각을 한다. 결국 집중하지 못하면 아무것도 할 수 없다. 그래서 생각할 때 우선순위(Priority number one)가 최우선이다. 하나마나한 생각들을 다 버리고 바른 생각을 할 때 발전적으로 나갈 수 있다.

2. 유치한 생각들을 장성한 생각으로 바꾸어야 한다.

생각하는 것들을 보면 사소한 일에 목숨을 거는 사람이 있다. 작은 일에 눈치를 보고, 약삭빠르게 봉사의 자리에 빠지고 나면 그 사람은 장성한 사람이 되지 않는다. 직장생활이나, 교회생활에서도 조금만 돈이 들어간다 싶으면 안 하는 사람이 있다. 이런 사람은 겉으로 좋고, 속으로 유치한 사람들이다.

고린도전서 13장 11절에서 "내가 어렸을 때에는 말하는 것이 어린아이와 같고, 깨닫는 것이 어린아이와 같고, 생각하는 것이 어린아이와 같다가 장성한 사람이 되어서는 어린아이의 일을 버렸노라"고 하였다. 이 말은 이제 유치한 짓을 그만두고 성숙한 인격으로 변화되라는 의미이다. 생각의 기능이 병들면 유치해지기 때문이다.

3. 은혜를 받고 올바른 생각을 해야 한다.

잘못된 생각은 이론들을 파괴해서 하나님을 아는 것을 대적하여 잘못된 자기주장을 펼치게 만든다. 골로새서 3장 1~3절에 "그러므로 너희가 그리스도와 함께 다시 살리심을 받았으면 위의 것을 찾으라. 거기는 그리스도께서 하나님 우편에 앉아 계시느니라. 위의 것을 생각하고 땅의 것을 생각하지 말라. 이는 너희가 죽었고 너희 생명이 그리스도와 함께 하나님 안에 감추어졌음이라"고 하였다.

우리는 생각이 긍정적이어야 한다. 생각이 고정관념에 빠져 있거나 편견에 치우쳐 있으면 안 된다. 넓은 사고를 할 줄 알아야 마음의 문제가 치유되고 회복된다.

어떤 사람이 길을 지나가다가 눈물을 흘리면서 세상을 원망했다. 그가 이렇게 된 이유는 슈퍼마켓을 하다가 친구에게 사기를 당해서 빚으로 직장을 잃고 말았기 때문이다. 그러던 어느 날 그가 직장을 구하기 위하여 길을 가는데 휠체어를 타고 가는 두

발이 없는 사람이 자기를 보고 "안녕하십니까?"하며 인사를 하였다.

"오늘 날씨가 참 좋지요!"

'아니 발이 없어서 휠체어를 타는 사람이 날씨가 좋은게 무슨 상관이람. 저 사람 오늘 좋은 일이 있나?' 이 말에 깊이 깨닫고 집에 돌아와서 화장실 거울에다 이렇게 써 놓았다.

"구두가 없어서 불편하거든 구두 신을 필요가 없는 사람을 생각하라."

문제는 구두가 아니다. 신을 필요가 없는 사람이 있다는 걸 생각해야 할 때 감사하며 바른 생각이 드는 것이다.

윌리스 H. 케리어(Willis H. Carrier)라고 하는 사람이 만든 '케리어의 법칙'이라는 것이 있다. 그는 많은 어려움을 겪으면서 성공한 비결을 많은 사람에게 가르쳤던 법칙이 캐리어의 법칙이다. 그는 고난을 이기는 법칙을 이렇게 말한다.

첫째는 무엇 때문에 내가 걱정을 하는가? 내가 무엇을 위해 사는가? 나는 지금 무엇을 생각하는가? 무엇을 염려하고 있는가를 깊이 생각하라.

둘째는 피할 수 없는 것이라면 하나님의 뜻으로 알고 수용하라.

셋째는 철저하게 생각하고 침착하게 현실에서 열린 문을 찾으라. 무엇이든지 찾으면 길이 있고 개선방법이 있기 때문이다.

사람에게는 두 가지 행동법칙이 있다. 하나는 행동하고 생각하는 것과 또 하나는 생각 없이 사는 것이다.

묵·상·의·글

생각의 습관

미국의 수필가 렐프 웰드 에머슨(Ralph Waldo Emerson)은 생각을 다음과 같이 정의하고 있다. "사람은 하루 종일 자기가 생각하는 그대로 되기 마련이다."

이처럼 생각은 우리 자신에게 엄청난 힘과 능력을 주고 있다. 그래서 사무엘 스마일즈(Samuel Smiles)는 이렇게 말했다.

생각을 심으라. 행동을 거둘 것이다.
행동을 심으라. 습관을 거둘 것이다.
습관을 심으라. 성격을 거둘 것이다.
성격을 심으라. 신의를 받아들일 것이다.
큰 생각을 가르치라. 왜냐하면 자기가 하고 있는
생각 이상으로 오르지는 못할 것이기 때문이다.

영적 침체의 회복

자기 자신은 광야로 들어가 하룻길쯤 가서 한 로뎀나무 아래에 앉아서
자기가 죽기를 원하여 이르되 여호와여 넉넉하오니 지금 내 생명을 거두시옵소서
나는 내 조상들보다 낫지 못하니이다(왕상 19:4)

미국 콜로라도 스프링스에 가면 피터 와그너(Peter Wagner) 박사가 세운 중보기도 센타(World Prayer Center)가 있다. 이 중보기도 센터 안에 들어가면 강단에 지구본 하나가 공중에 매달려 있다. 온 인류를 복음화 시키겠다는 전략으로 지구본을 강단에 매달아 놓은 것이다. 그리고 강단 아래 각 국가의 국기가 초등학교 운동회 때처럼 걸려있다. 필자는 이 만국기를 보고 교회 안내자에게 물어보았다. "왜 일장기는 걸렸는데 한국의 태극기는 없습니까?" 그랬더니 거기에 걸린 만국기는 복음이 들어갔지만 아직 복음화율이 5%미만인 나라들을 기도하기 위해서 걸어 놓았다는 설명이었다. 그리고 벽에는 복음 전도를 위해서 그 나라 선교

사들의 사역활동이 적혀 있어서 누구든지 그것을 보고 기도하게 만들어 놓았다.

그런데 여기에 중보기도 센타가 들어서 된 데는 이유가 있었다. 새생명교회(New Life church)의 담임목사인 하가드(Haggard) 목사가 기도하는데 지구본 하나가 눈앞에 떠올랐다. 그리고 지구본에 창문이 훤히 열려지는데 지구상에 있는 2/3의 40억 내지 45억 인구가 복음을 알지 못하고 신음하면서 죽어 가는 장면이 보였다. 이 창문을 자세히 보니 북위 10°와 40°에 살아가는 사람들이었다. 중국과 인도를 포함해서 많은 아시아 나라들도 예수 그리스도를 알지 못하고 살고 있었다. 하가드 목사는 수많은 에이커의 땅을 단돈 1달러에 주면서 LA에 있는 중보기도 센타를 자기 교회 옆으로 오도록 유치했다. 그래서 지금의 중보기도 센타가 있게 된 것이다.

원래 중보기도 센타는 LA지역에 있었다. 그런데 콜로라도 스프링스로 옮긴 이유는 이곳이 마약과 수많은 술집 창기들이 점령한 사악한 땅이었기 때문이다. 그래서 기도의 용사들이 도시에 진격해 들어갔다. "하나님! 이 땅을 바꾸어 주십시오. 사악한 사탄의 무리들을 하나님의 사랑으로 변화시켜 주십시오." 이렇게 기도할 때 사악한 무리들로부터 많은 협박을 받았지만 결국 기도의 힘으로 물리쳤다. 기도의 힘이 있는 사람은 절망과 낙심을 물리칠 수 있는 힘이 있다.

하드필드라는 심리학자는 《십자가 힘의 심리 예수님》이라는 책에서 현대인의 피곤을 이렇게 분석했다.

"우리를 괴롭히는 피로는 대부분 정신적인 원인에서 온 것이다. 순수하게 육적인 원인에서 오는 피로는 지극히 드물다. 동의를 하든지 하지 않든지 간에 오늘날 현대인이 느끼는 피로는 대부분 영적이고 정신적인 것을 부인할 수 없다."

대부분 탈진은 영적인 것과 정신적인 것이다. 탈진(Bond out)은 나를 지탱하고 있는 영적 정신적인 요소들이 사라져 버리면 찾아온다. 그러면 이제 영적으로 탈진한 사람들의 특징을 살펴보자.

영적으로 탈진한 사람들의 특징

1. 사람들의 교제에 관심이 없다.

영적으로 탈진한 사람들은 믿는 교제가 없게 되고, 신앙에 대해서 관심이 없다. 그리고 더 이상 주의 일을 괴로운 일로 생각한다. 또 사람들을 만나도 사람의 허물을 발견하고 판단하고 정죄한다. 예수 믿지 않는 사람들과 점점 많은 시간을 보내면서, 난폭해지고 모든 일을 짜증스러워 한다. 이런 사람은 영적 침체에 빠진 사람이다.

2. 예배 참석이 싫어진다.

정상적인 사람은 하나님께 드리는 예배가 즐거워야 한다. 그런데 영적으로 탈진 현상이 오면 주일날이 괴롭게 느껴져서 자주 밖으로 나가 낚시, 골프, 주말 여행 등을 생각하고 또 예배시간을 지루하게 생각한다. 이러한 원인은 영적인 힘이 다 소진되었기 때문이다.

3. 영적생활을 멀리 한다.

영적으로 탈진한 사람은 기도는 물론이요, 가족기도, 공동기도, 각종 모임, 성경공부, 성도의 교제 등을 소홀히 한다. 그러다 보니 매사를 짜증스럽고 귀찮게 생각한다.

4. 매사를 귀찮게 생각한다.

심령이 영적으로 메마르니까 믿음의 일들을 소홀히 하고 부담으로 느낀다. 동시에 주님의 일을 귀찮게 생각한다.

5. 매사에 관심이 없다.

어떤 일에든지 무기력하다. 내가 할 일도 타인에게 미룬다. 신앙의 사람 엘리야에게도 탈진이 찾아왔다. 엘리야 선지자는 일정한 주거지가 없이 광야에 기거하면서 털옷을 입고 허리에는 가죽 띠를 띠고 살았다. 엘리야는 정의감에 불타는 사람으로서 아합 왕의 잘못을 용기 있게 지적하고 책망했던 선지자였다.

엘리야의 업적을 보면 사르밧 과부 집에서 음식을 먹고 통에 가루와 기름이 떨어지지 않게 기적을 베풀었던 선지자였다. 또 병들어 죽게 된 과부의 아들을 살렸던 신유의 사람이었다. 삼년 반 동안 비가 오지 않을 때 갈멜산에서 바알과 아세라 선지자 850명과 영적 대결을 통해서 기도로 승리했던 사람이었다.

그런데 아합 왕의 부인 이세벨이 엘리야를 죽이겠다고 하자 그 죽음이 두려워서 도망치기 시작했다. 그리고 로뎀나무 아래서 죽기를 간구했다. 하나님의 사람 엘리야가 이렇게 죽기를 간청한 이유는 그가 영적 침체에 빠졌기 때문이다.

그러면 엘리야가 영적 침체에 빠진 몇 가지 이유가 무엇인지 살펴보자.

영적 침체의 원인

1. 생명의 위험 때문이다.

이세벨이 엘리야를 죽이겠다는 말 한마디 때문에 엘리야는 생명의 위협을 느낀 나머지 목숨을 보존하기 위해서 남왕국 브엘세바 로뎀나무 아래 숨었다. 열왕기상 19장 10절의 "그들이 내 생명을 찾아 빼앗으려 하나이다"는 말씀과 14절에 "그들이 내 생명을 찾아 빼앗으려 하나이다"라는 말씀은 엘리야가 이세벨의 손에 죽느니 하나님의 손에 죽고 싶다는 이야기이다. 이처럼 생명의 위협을 느끼자 엘리야의 삶이 무기력해졌다.

사람에게 제일 두려운 것은 죽음이다. 이것이 인생의 마침표이기 때문이다. 누구든지 죽음이 끝이라고 생각하면 두렵다. 그러나 죽음은 영원한 세계로 들어가는 새로운 출발이라고 생각하면 당당할 수 있다. 그러나 엘리야는 그 죽음이 두려워서 죽기를 간청한 것이다.

2. 자기 혼자라고 생각했기 때문이다.

사람은 혼자라는 생각이 들 때 두려워한다. 엘리야도 "오직 나만 남았다"고 고백하고 있다. 그는 혼자라는 두려움 때문에 고독하고 쓸쓸했다. 현대인들은 많은 친구들이 있어도 군중 속에서 고독을 느낀다. '나는 누구인가? 나는 무엇인가?' 나의 존재 가치를 느끼는 순간 엘리야는 외로웠다. 그는 바알 숭배자들이 엘리야를 죽이겠다고 하자 자기 혼자 남았다고 생각했다. 그때 하나님은 엘리야에게 "너 혼자가 아니다. 바알을 숭배하지 않고 신앙의 지조를 지킨 사람 7,000명이 남아 있다"고 말씀하셨다. 그가 영적으로 탈진하니까 엘리야는 혼자라고 생각한 것이다. 사람은 어떤 일이든지 생각 여하에 따라서 행복과 불행이 좌우된다. 우리는 홀로 있는 게 아니다. 하나님이 나와 함께 하시고 동행하심을 믿어야 한다. 만약 나 자신이 혼자라고 생각될 때 다음과 같은 찬송을 불러보자.

"내가 매일 기쁘게 순례의 길을 행함은
주의 팔이 나를 안보 함이요
내가 주의 큰 복을 받는 참된 비결은 주의 영이 함께 함이라
성령이 계시네 할렐루야 함께 하시네
좁은 길을 걸으며 밤낮 기뻐하는 것 주의 영이 함께 함이라"

하나님은 언제나 우리와 함께 하시고 좋은 친구가 되시며 우리 삶의 좋은 상담자가 되신다. 그래서 우리는 언제든지 외롭지

않다. 성령께서 우리와 함께 계시기 때문에 무슨 일을 만나든지 낙심하지 말고 하나님을 온전히 의지해야 한다.

3. 낙심했기 때문이다.

엘리야는 낙심하여 그릿 시냇가까지 도망하여 왔을 때, 그를 위로해 주는 사람이 없다고 느끼며 기진맥진하여 로뎀나무 아래서 잠들어 있었다. 그때 천사가 어루만지면서 음식을 준비하여 일어나서 먹으라고 위로해 줄 때 엘리야는 용기를 얻고 새 힘을 얻었다. 이처럼 낙심은 사람을 좌절하게 만든다.

4. 엉터리 협박 때문이다.

엘리야가 갈멜산에서 벌인 영적 전투는 화려했다. 바알과 아세라 선지자들과 싸울 때 하늘에서 불이 떨어짐으로 여호와 하나님이 참신이라는 것을 보여주었다. 그 결과 거짓 선지자 850명이 모두 죽임을 당했다. 이 사실을 알고 이세벨이 협박하자 그는 도망가서 죽기를 간절히 원했다.

많은 사람이 공갈 협박받을 때 낙심한다. 약점을 가지고 협박할 때 가장 괴로워한다. 엘리야도 이세벨의 손에 죽기보다 하나님의 손에 죽기를 원했다. 그러나 하나님은 죽이시는 분이 아니라 살리시는 분이다. 용기를 주시는 분이다. 그러므로 엉터리 협박에 속아서는 안 된다.

5. 문제만 보고 문제를 해결하시는 하나님은 보지 못했기 때문이다.

사람들이 낙심하는 이유는 문제를 보지만 그 문제 속에서 역사하시는 하나님을 보지 못하기 때문이다. 이것이 엘리야의 문제요 우리의 문제이다. 정확하게 말하면 갈멜산의 싸움으로 백성들이 엘리야 편이 되었다. 그래서 잘못된 선지자 850명을 죽일 수 있었던 것이다.

예나 지금이나 민심을 잃으면 백성들이 반란을 일으켜서 왕을 갈아치울 수 있다. 이 점 때문에 아합 왕이 엘리야를 해칠 수 없었지만 엘리야 선지자는 이것도 모르고 죽기를 자청하고 도망가서 하나님을 보지 못 했던 것이 문제였다.

사람은 어떤 문제를 만나면 갑자기 하나님이 안 보인다. 맹인처럼 앞이 보이지 않아서 절망해 버린다. 그래서 영적 침체를 극복하고 회복해야 한다.

영적 침체를 극복하기 위하여

1. 개인적으로 하나님을 만나야 한다.

사람은 문제가 있을 때 자기 혼자라고 생각한다. 자기 주변에 아무도 없다고 생각한다. 그러나 하나님은 우리를 홀로 있게 하지 않으시고 언제나 함께 하신다.

“이스라엘을 지키시는 이는 졸지도 아니하시고 주무시지도 아니하시리로다 여호와는 너를 지키시는 이시라 여호와께서 네 오른쪽에서 네 그늘이 되시나니 낮의 해가 너를 상하게 하지 아

니하며 밤의 달도 너를 해치지 아니하리로다"(시 121:4~6)

엘리야가 낙심하여 굴 속에 있을 때 하나님의 말씀이 들려왔다.

"엘리야야 네가 어찌하여 여기 있느냐?"

"아합과 이세벨이 주님의 제단을 헐고 선지자들을 죽였습니다. 그래서 나만 홀로 남았습니다."

그때 하나님께서 엘리야에게 산에 서게 하시고 크고 강한 바람을 지나가게 하셨다. 그러나 하나님께서는 거기 계시지 않았다.

바람과 지진이 지나 갔다. 거기도 하나님이 계시지 않았다.

또 지진 후에 불이 일어났다. 거기도 하나님이 계시지 않았다.

불 이후에 세미한 소리가 있었다. 그때 하나님이 엘리야에게 말씀하시기를 "어찌하여 네가 여기 있느냐?"라고 하시며 사명을 주셨다.

대부분의 사람들이 영적 침체에 빠지는 이유는 나 혼자라는 생각 때문이다. 힘들고 어려울 때 우리 주님이 함께 계신다. '모래 위에 발자국'이라는 시를 보자. 하나님께서 어떻게 역사하는가를 볼 수 있다.

모래 위의 발자국

어느 날 밤, 꿈을 꾸었네.
주와 함께 바닷가를 거니는 꿈을 꾸었네.

하늘을 가로질러
빛이 임한 그 바닷가 모래 위에서
두 짝의 발자국을 보았네.

한 짝은 내 것, 또 한 짝은 주님의 것
거기서 내 인생의 장면들을 보았네.

제가 주님을 가장 필요로 했을 때
그때 거기에는 한 짝의 발자국밖에는 없었네.
"주님은 저를 떠나 계셨지요."
그때 주님은 대답하시었네.
"나의 귀하고 소중한 아들아,
나는 너를 사랑했고 너를 결코 떠나지 않았단다.
네 시련의 때, 고통의 때에도
네가 본 한 짝의 발자국 그것은 내 발자국이니라.
그때 내가 너를 등에 업고 걸었노라."

2. 다른 사람의 도움을 받아야 한다.

영적 침체 기간에는 자신의 문제를 가지고 깊이 고민하지 말고 영적 침체에서 일어난 사람들의 이야기를 들어야 한다. 그때 잊지 말아야 할 것은 하나님을 만나야 한다는 것이다. 영적 침체는 하나님을 만나면 회복된다. 미국에서 사전하면 웹스터 사전을 떠올릴 만큼 대니얼 웹스터(Daniel Webster, 1782~1852)는 사전 편집자로 유명했다. 그뿐 아니라 그는 언론인, 변호사, 정치인으로도 한 시대를 풍미했던 사회 지도자였다. 그런 그에게 많은 사람이 인생의 처세술을 배우려고 찾아왔다.

어느 날 어떤 사람이 찾아와서 이렇게 물었다.

"웹스터 선생님, 이제까지 당신에게 떠올랐던 생각 중에서 가장 위대한 것은 무엇이었습니까?"

짧은 침묵 뒤에 웹스터가 담담히 대답했다.

"나에게 떠올랐던 가장 위대한 생각은 전능하신 하나님에 대한 생각이었습니다."

이런 위대한 생각이 자신에게 도움이 된 것이다.

3. 찬송을 회복해야 한다.

영적 침체를 경험하면 내 안에서 찬송과 기쁨이 사라진다. 이때는 감사해야 한다. 감사할 때 하나님이 주신 은혜를 통해서 영적 침체에서 회복될 수 있다. 하나님은 영적 침체에 빠진 사람들을 영으로 치유하시고, 말씀으로 치유하시고, 찬송과 기도로 치유하신다.

《마음을 열어주는 101가지 이야기》라는 책에 짧은 이야기가 나온다.

어느 날 차를 몰고 집으로 돌아가던 중에 나는 집 근처 공원에 잠시 차를 세웠다. 그곳에서 벌어지고 있는 동네 꼬마들의 야구경기를 구경하기 위해서였다. 1루쪽 벤치에 앉으면서 나는 1루 수비를 보고 있는 아이에게 점수가 어떻게 되느냐고 소리를 쳐 물었다.

아이는 웃으면서 "우리가 14대 0으로 지고 있어요."

"그래 그런데 넌 그다지 절망적이지 않아 보이는구나."

그러자 이 아이는 깜짝 놀란 표정을 하고 대답한다. "절망적이라고요? 왜 우리가 절망적이어야 하죠. 우린 아직 한 번도 공격을 하지 않았는데요?"

이것이 우리의 신앙이다. 이제부터 시작이다. 일어나야 한다.

지금까지 엘리야는 14대 0으로 지고 있다. 그러나 엘리야는 승리했다. 낙심과 절망이라는 괴물과 싸워서 당당하게 승리를 거두었다. "너 말고도 바알에게 무릎을 꿇지 않은 7,000명의 사람들이 남아 있다." 착각하지 말라는 것이다.

너 말고도 핍박 속에서도 열심히 신앙생활 하는 사람이 7,000명이나 있다. 그런데 왜 혼자인 것처럼 고독에 빠져 있느냐는 격려의 말씀이다.

우리에게도 동역자들이 있다. 하나님은 7,000명 말고도 좋은 믿음의 동역자들을 주셨다. 그러기 때문에 우리는 이렇게 말해야 한다.

"그까짓 것 때문에 포기하지 않겠습니다."

"좌절하지 않겠습니다."

우리는 하나님의 자녀이다. 눈을 크게 뜨고 임마누엘 하나님을 믿을 때 우리는 영적 침체를 벗어나서 회복된 삶을 살 수 있다. 이제 영적 좌절을 버리고 승리하며 살아야 한다. 그것이 축복된 삶이기 때문이다.

"당신이 지쳐서 기도할 수 없고
눈물이 빗물처럼 흘러내릴 때
주님은 우리 연약함을 아시고
사랑으로 인도하시네
누군가 널 위하여 간절히 기도하네
네가 홀로 외로워서 마음이 무너질 때
누군가 널 위해 기도하네"

묵·상·의·글

마음의 상처를 극복할 수 있는 언어

칭찬에는 2가지 법칙이 있다.

첫 번째 칭찬의 법칙은 진심으로 하는 것이다. 칭찬은 내 유익을 위해서가 아닌 그 사람을 위해서 하는 진정한 마음에서 우러나오는 것이어야 한다. 못 생긴 사람에게 "참 미인이네요."라고 하거나, 부부싸움을 해서 마음이 편치 못한 사람에게 "오늘 얼굴이 좋네요." 하면 입에 발린 거짓 칭찬이 된다. 그러기 때문에 마음이 담긴 진심 어린 칭찬을 해야 한다.

두 번째 칭찬의 법칙은 찾아서 하는 것이다. 진심으로 칭찬을 하려면 찾아서 해야 한다. 칭찬을 듣지 못하고 자란 사람은 칭찬하는 방법을 잘 모른다. 잠언 27장 21절은 "도가니로 은을, 풀무로 금을, 칭찬으로 사람을 단련하느니라"고 하였다.

관계의 회복

너는 그에게 말하고 그의 입에 할 말을 주라 내가 네 입과 그의 입에 함께 있어서
너희들이 행할 일을 가르치리라 그가 너를 대신하여 백성에게 말할 것이니
그는 네 입을 대신할 것이요 너는 그에게 하나님 같이 되리라(출 4:15~16)

사람은 관계 속에서 자라간다. 이것은 유전적인 요인보다 환경적인 요인 속에서 부모, 친가, 외가, 이웃들과의 관계 속에서 만들어진 작품이기 때문이다. 대부분 사람의 상처는 성장하는 과정에서 생겨난 것들이다. 이런 상처들이 내 안에 자리를 잡고 있으면 내 마음의 운전사가 나를 왜곡된 길로 인도한다. 특히 내 마음에 잘못된 운전사들이 자리 잡고 있다면 자신의 가계도를 생각해 보면 알 수 있다.

어린 시절 부모로부터, 또는 친적으로부터, 친구들로부터 당한 상처가 자신을 건강한 자아상으로 인도하지 못하고 부정적이고 왜곡된 곳으로 인도하였기 때문이다. 이때 대부분의 사람들은 자신의 삶을 모두 바꾸고 싶어 한다. 그런데 문제는 바뀌지 않는다는 점이다. 그 사람이 내가 아니기 때문이다.

자신이 건강하게 살기 위해서 관계회복은 '나' 에서 시작되어야 한다. 나 자신을 치유하기 위해 '내가 누구인가?', '나는 어떤 사람인가?', '오늘의 나는 어떻게 형성되었으며 앞으로 어떻게 살아갈 것인가?'를 알아야 한다. 전인적이고도 총체적인 시각으로 나를 알아야 한다. 왜냐하면 죄책감이 심하면 삶이 흔들리고, 삶이 흔들리면 우리의 영도 흔들리기 때문이다. 영이 흔들리기 시작하면 만사가 그에 따라서 흔들린다. 그리고 가정의 화목이 깨지고, 사회생활이 불편해진다. 항상 마음이 불안정해서 무슨 일에도 집중할 수 없기 때문이다.

예일대학교 의과대학 교수인 버니 시걸은 "대부분의 환자가 직면하는 기본적인 문제는 자신을 사랑할 수 없다는 데 있다"고 했다. 그래서 자신에게 물어야 한다.

"지금 내 안의 장애는 어디서 시작된 것인가? 언제부터 상처를 받고 살았을까?"

어떤 운전자가 언제부터, 무슨 연유로, 내 의식 속에 들어와서 지금까지 나를 끌고 다닌 것인가 하는 원인을 찾아서 눌린 영혼을 해방시켜주어야 한다.

우리의 마음은 구정물통과 같다. 구정물이 가득한 물통이라도 오래 놔두면 찌끼가 가라앉아서 그냥 물통처럼 보인다. 우리의 마음도 마찬가지이다. 아주 큰 상처를 갖고 있는데도 오랫동안 그 환부를 건드리지 않고 가만히 놔두면 아무렇지 않은 것처럼 보인다. 그러나 조금만 흔들어도 금세 더러워지는 구정물 통처럼 마음속에 가라앉아 있는 상처들도 빌미만 생기면 삐쳐 나와서 우리의 발목을 붙든다는 것을 기억하라.

바로 이 1단계가 마음속의 구정물을 흔드는 작업이다. 구정물통을 흔들면 온갖 찌끼들이 수면 위로 떠오르듯이, 이 작업을 통해서 그동안 심층의식 속에 가라앉아 있던 크고 작은 상처들이 의식의 표면 위에 떠오르게 된다. 이때 비로소 자신의 문제가 무엇인지 보게 된다. 자신의 문제를 객관적으로 보기 시작하는 단계이다.

2단계, 3단계는 1단계에서 수면 위로 떠오른 찌끼들을 끄집어내는 작업이다. 이를 테면 조리질 역할이다.

어느 동물원에, 동물에 대해서는 아무것도 모르는 원장이 부임해왔다. 새로 부임한 원장이 직원들과 함께 동물원을 돌아보다가 매의 길고 날카로운 부리와 발톱을 보며 말했다.

"저 새의 부리와 발톱이 아주 흉측해 보이는군요. 예쁘게 깎아주도록 하세요."

직원들은 원장의 지시대로 매의 부리와 발톱을 예쁘게 깎아주었다. 그러자 매는 더 이상 매로서 존재할 수 없었다.

우리는 종종 잘려나간 매의 발톱처럼 중요한 기능들을 잃어버리고, 자기감정을 자꾸 억누르다 보면 사람들에게 이런 칭찬을 들으며 살아갈 때가 있다.

"저 애는 참 착실해."

"저 애는 좋은 애야."

"저 애는 믿을 수 있어."

하지만 이 칭찬은 이렇게 바뀔 수 있다.

"저 애는 언제든지 정신병에 걸릴 수 있어!"

이런 아이들은 너무나 오랫동안 자기감정에 억눌려와서 인지 다른 사람이 좋아할 만한 행동만 찾아다닌다. 이런 아이들은 꼭두각시와 다름없다. 그런데도 많은 사람이 이런 꼭두각시를 좋아한다. 자기에게 편하기 때문이다.

누구든지 자신의 상처를 치유하고 회복하기 위해서는 예수님을 만나야 한다. 그 대표적인 사람이 사도 바울이다. 그는 예수님을 만나고 3가지의 만남이 이루어졌다.

첫 번째 만남은 예수님과의 만남이다. 이 만남은 화해의 만남이다.

두 번째 만남은 자기 자신과의 만남이다. 예전에는 미움과 두려움으로 가득했으나 이제는 담대함과 사랑으로 넘치게 되었다. 이전에는 진정한 나를 몰랐기 때문에 늘 불안하고 두려웠으나 이제 자신의 소중함을 깨달은 것이다.

세 번째 만남은 이웃과의 만남이다. 자신이 누구인지 알게 된 그는 성령 충만하여 이웃을 돌아보게 되었고 전에 원수처럼 여겼던 사람들도 이제는 친형제처럼 느껴지게 된 것이다. 바울은 이 세 번의 만남으로 완전히 새사람이 되었던 것이다.

그러므로 우리는 자신의 내면의 문제를 치유하고 회복하기 위해서는 다음과 같은 것들을 점검해 보아야 한다.

① 어떤 부모 아래 어떤 가정 분위기 가운데서 성장했는가?

② 어떤 문화에서 성장했는가?

③ 청소년기를 어떻게 보냈는가?

④ 결혼 이후 부부간에 애정욕구가 충족되고 있는가?

⑤ 삶의 의미 상실에서 오는 상처를 이해해야 한다.

⑥ 죄책감에서 나오는 영적 상처를 이해해야 한다.

⑦ 치유는 믿음과 소망과 사랑이 함께 역사하는 공동체를 통해 가장 강하게 일어난다.

⑧ 현대의 의학, 과학, 심리학을 하나님의 창조 원리 속에서 이해해야 한다.

이러한 점검을 통해서 자신 안에 있는 문제들을 회복해야 한다.

관계회복을 위한 자기 점검 리스트

1. "나의 영은 건강한가?", "죄책감에 눌려 있지는 않은가?"

죄책감이 심하면 삶이 흔들리고, 삶이 흔들리면 우리의 영도 흔들리게 된다. 영이 흔들리기 시작하면 만사가 그에 따라서 흔들린다. 먼저 가정의 화목이 깨지고, 사회생활이 불편해진다. 항상 마음이 불안정해서 무슨 일에도 집중할 수 없다. 그러므로 나 자신의 건강을 위해서 사랑하며, 성장하고, 삶을 즐거워하며, 자존감을 강화시키고, 현실을 있는 그대로 존중해 주어야 한다. 그렇지 않고 폐쇄적이고, 도덕적이며, 권위적이고, 우상적이며, 현실 부정이나 공포감을 조성하고, 죄책감을 더하는 방법으로 신자들의 영적 갈망을 충족시키면 전인 건강을 해치게 된다.

2. 정신은 우리의 마음을 상하게 할 수도 있고 치유할 수도 있는 힘이 있다.

놀라운 것은 '플라시보 효과' 처럼 잘못된 신념에 대해서도 육체가 반응한다는 사실이다. 플라시보 효과란 의학적 기능이 전혀 없는 약품(사실은 약품이 아닌 무해무익한 물질)을 복용한 후에 그 약의 효력을 정말로 믿은 사람에게서 나타나는 치유효과를 말한다.

3. 신체적인 면에서의 건강이다.

"나의 신체적인 조건은 어떠한가? 건강한 편인가, 그렇지 못한 편인가, 이것이 나의 영적인 면과 정신적인 면에 어떻게 관련되어 있는가?"를 살펴보아야 한다. 우리가 기분이 나쁠 때는 곧잘 체하는 것을 보게 된다. 따라서 신체가 건강하다는 것은 영적인 면과 정신적인 것이 모두 건강하다는 것을 의미한다.

4. 대인관계가 원만치 못하면 반드시 영적인 상태에도 문제가 생긴다.

하나님은 애초부터 서로 사랑하지 못하면 기도할 수 없도록 우리를 창조하셨다. 사랑 없이는 믿음도 성장할 수 없다. 다시 말하면, 우리의 전인 건강은 본질적이고도 불가피하게 관계성을 지니고 있다. 그러므로 치유와 건강을 위해서는 좀 더 깊은 '관계에의 회복' 을 가져야 한다.

5. 사회생활에도 관계가 좋아야 한다.

하나님께서는 우리가 '샬롬' 으로 인사하도록 가르치고 있다. 여기서 '샬롬' 이란 보통 평안으로 번역되는데, 이것은 공동체 속에서 건강과 행복을 의미한다. 어원적으로는 "선한 것이 당신에게 충만하여 당신 주위에 있는 사람들에게까지 흘러가기를 원합니다" 라는 것이다. 거듭 말하면 '샬롬' 은 하나님의 선물이다. 샬롬의 정신으로 우리가 좀 더 적극적으로 잘못된 사회구조를 개선하고 정신을 구현할 수 있는 공동체를 개발해 나가야 한다. 이것이 우리가 처한 사회 구조 속에서의 전인건강을 지켜 가는 열쇠이다.

6. 자연 생태계가 병들면 온전한 건강을 유지할 수 없다.

치유란 인간은 물론 하나님의 피조물인 자연을 소중히 여기고 아끼는 것이다. 자연 생태계가 병들면 치유도 불가능하다. 따라서 환경을 나의 문제로 삼는 태도가 필요하다.

7. 자기가 하고 있는 일에서 기쁨과 보람을 느껴야 건강을 누릴 수 있다.

자신이 좋아하는 일, 건설적인 일을 하게 되면 자존감이 높아지고 전인 건강과 행복감이 증진된다. 이런 점에서 볼 때 관계회복은 '나' 를 찾아가는 작업이다.

어느 날 미국의 백만장자 밀톤이 자가용 비행기를 타고 스위스에 있는 심리학자 융을 찾아왔다. 밀톤은 불면증에 걸렸는데

백방으로 노력해도 낫지 않자 급기야 융을 찾은 것이다.

융은 밀톤에게 모스크바 교외에 있는 한 수도원 원장을 찾아가 보라며 소개서를 써주었다. 다음은 밀톤과 수도원장이 나눈 대화이다.

수도원장이 물었다.

"무엇이든 내가 지시하는 대로 하겠습니까?"

"물론입니다."

"그렇다면 주기도문을 3백 번 외우세요."

이튿날에도 수도원장이 밀톤에게 말했다.

"오늘은 주기도문을 6백 번 외우세요."

다음날도 수도원장은 말했다.

"오늘은 주기도문을 9백 번 외우세요."

밀톤은 지시대로 날마다 3백 번씩 더 주기도문을 외우면서 시간을 보냈다. 마침내 6천 번을 외워야 하는 날이 되었다. 막 주기도문을 외우기 시작하려고 할 때 놀라운 변화가 나타났다. 오랜 가뭄 끝에 소나기처럼 그의 몸에서 힘이 솟기 시작한 것이다. 그 순간 밀톤은 자신이 완전히 치유되었다는 것을 깨달았다. 융은 밀톤에게서 영양실조에 걸린 '믿음에의 욕구'를 간파했던 것이다.

아브라함 머슬로우는 "세계의 역사를 움직인 대부분의 사람들은 믿음에의 욕구, 즉 신비에의 욕구가 충족된 사람들이었다"라고 했다(정태기 《내면의 치유》 책 중에서 인용).

자신의 상처를 치유 받고 관계회복이 된 사람들에게서 가장 먼저 발견할 수 있는 것은 바로 얼굴의 변화이다. 얼굴만 봐도 그가 예수님을 만났는지 못 만났는지 알 수 있다. 왜냐하면 영적 신비를 체험하는 순간 우리 몸 안에서는 엄청난 세포의 혁명이 일어나기 때문이다. 우리 몸은 수백 개의 원자들로 구성되어 있다. 그 가운데는 핵이 있고 바깥쪽으로는 전자들이 상호 유기적으로 끊임없이 돌면서 생명의 에너지를 발산한다. 절망적인 사람, 불안한 사람, 근심 걱정에 싸인 사람의 전자 회전 속도는 아주 느리다.

회복은 하나님을 만나야 한다. 누구든지 하나님을 만남으로 마음의 상처가 회복되는 것 같이 내 안에 있는 상처를 치유하고 이제 회복되어서 건강하게 살아가는 믿음의 사람들이 되어야 한다.

내 영혼아
네가 어찌하여 낙심하며
어찌하여 내 속에서 불안해 하는가
너는 하나님께 소망을 두라
그가 나타나 도우심으로 말미암아
내가 오히려 찬송하리로다
(시 42:5)

진정한 회복을 바라며

라인홀트 리버(Reinhold Niebuhr)는 이런 기도를 했다.

"하나님이여, 고칠 수 있는 것에 대해서는 그것을 고칠 수 있는 용기를 주시고, 고칠 수 없는 것에 대해서는 그것을 받아들일 수 있는 냉정함을 주십시오. 그리하여 고칠 수 있는 것과 고칠 수 없는 것을 식별하는 지혜를 주십시오."

너무 멋있는 기도이다. 우리는 이런 기도를 통해서 우리 마음속에 미움, 질병, 갈등, 중독, 고난, 마음의 상처 등을 고쳐야 한다. 예수 그리스도를 통해서 완전한 사랑을 받을 때만이 완전한 회복을 할 수 있다.

한 어린 소녀가 알레르기성 천식으로 고생을 하고 있었다. 소녀는 계속 유명하다는 의사들을 찾아다녔지만 별다른 효력을 보지 못하자 알레르기 전문인 미드 아메리카 심장연구소 박사를 찾아갔다. 우드 박사는 진찰을 한 후에 소녀에게 이렇게 말했다.

"내 딸도 너와 똑같은 병을 앓고 있단다. 그래서 천식이 갑자기 들이닥칠 때면 얼마나 고통스러운지 알고 있다. 그러니 나랑 약속을 하자꾸나. 네가 괴로울 땐 언제나 나를 부를 수 있다는 약속 말이다. 내가 병원에 없을 때는 집으로 전화를 하렴. 네가 연락을 하면 밤이든 새벽이든 언제든지 달려가서 너를 치료해 주겠다."

그 후 소녀는 우드 박사에게 급히 전화할 필요가 없게 되었다. 누군가 자기를 도와줄 사람이 가까이 있다는 사실로 인해 소녀는 진짜로 안정을 찾게 되었기 때문이다.

위로자들이 언제나 자기 곁에 있다는 사실 하나만 가지고도 진정한 위로를 받고 자신감이 생기는 것이다. 그래서 마음의 상처와 질병으로 고생하는 사람들은 예수님의 보혈의 은총을 덧입어야 한다.

나는 좋다 _ 고 훈

내가 암 병이라면
모든 환자들의 친구가 되어 좋다.

내가 치료된다면
그들에게 또한 희망이 되어 좋다.

치료되지 않는다면
주님의 부르심에 순종할 수 있어 좋다.

내가 암 병이 아니라면
모든 사랑하는 사람에게
근심되지 않아 좋다.

나는
이 일로
내 인생을 돌아보며
단 한 번 위대한 결단할 수 있는
시간을 주셨음을 감사할 수 있어

나는
언제나
이래도 저래도 좋다.

여호와는 마음이 상한 자를
가까이 하시고 충심으로 통회하는 자를 구원하시는도다
(시 34:18)

참고문헌

일반서적

권택조, 「당신도 건강하게 살 수 있습니다」, 서울 : 신망애 출판사, 1987.

김경수, 「열린 마음의 X파일」, 서울 : 예루살렘출판사, 2003.

김형준, 「가시지 않는 상처라면」, 서울 : 상담과 치유, 2000.

박 필, 「당신의 말이 행복을 만든다」, 서울 : 국민일보, 2003.

박행렬, 「전인 치유사역」, 서울 : 나임, 1993.

이훈구, 「심리학자의 교실이야기」, 서울 : 법문사, 2000.

유진소, 「하나님의 형상 회복」, 서울 : 두란노, 2003.

정동섭, 「당신의 가정도 치유될 수가 있다」, 서울 : 도서출판 하나, 1994.

정태기, 「나는 치유하는 목회자인가?」, 서울 : 크리스찬 치유목회연구원, 2000.

______, 「내면 세계의 치유」, 서울 : 규장문화사, 2000.

______, 「당신은 혼자가 아닙니다」, 서울 : 국민일보사, 1998.

______, 「위기상담목회」, 서울 : 대한기독교서회, 1992.

크리스티 김, 「인생의 응어리를 풀라」, 서울 : 규장문화사, 2003.

최영철, 「내적 치유」, 서울 : 카톨릭 출판사, 2001.

외국서적

Benner, David(ed). *Baker encyclopedia of psychology*, Michigan : Baker, 1985.

E. M. Bounds, *The Reality of Prayer*, Chicago : Moody press, 1980.

Meier, Paul, Minirth, Frank & Frank, Wichern. *Introduction to psychology and counseling*. Grand Rapids, Michigan : Baker.

Pat, Robertsor, *The christian Counselors Handbook*, Tyndal House Publishers, 1987.

S. I. Macmillan, *Name of These Diseases*, Old Tappan : Fleming Revel company, 1982.

Stephen Hill, *Healing is Yours*, Harrison : New Leaf Press, 1975.

■ 번역서적

E. C. Wittman, C. R. Bollman,「성서의 치유」, 이희숙 역, 서울 : 종로서적, 1993.

David A, Seamands, 「상한 감정의 치유」, 송현복 역, 서울 : 두란노, 1986.

Richard May Hue, 「오늘날의 치유」, 김혜련 역, 서울 : 생명의 말씀사, 1986.

Tim, Sledge, 「가족치유 마음치유」, 정동섭 역, 서울 : 요단출판사, 1996.

T. L. Osborn, 「나는 치료하는 여호와임이니라」, 서울 : 도서출판 글터, 1995.

■ 잡지 및 자료집

김선화, 「내적 치유」, C.C.C.

김필곤, 「그리스도인과 불안의 글」, 1995, 9.

둘로스 자료, 국제제자훈련원, 2002, 04, 1.

방선기, 「일하는 제자들」, 1995, 7.

서신영, 「둘로스 자료 관리」, 1997, 12, 1.

장동학, 월간 「교육교회」 1994, 10월호

■ 신문

동아일보, 1995, 4, 18.

미주 중앙일보, 2002, 8, 13.

중앙일보, 2003, 7, 2.

조선일보, 1996, 10, 31.

따뜻한 자신감 회복의 에너지

회복

초판 1쇄 발행 2010년 3월 10일
지은이 김경수
발행인 방주석
책임편집 설규식
영업책임 유영채
디자인 황은경

발행처 베드로서원
등록번호 제59호(2010.1.18)
주소 경기도 수지구 상현동 현대성우3차@ 285-1604
전화 02)333-7316
팩스 02)333-7317
웹사이트 www.peterhouse.co.kr
e.mail peterhouse.paran.com

베드로서원은 기독교문화 창달을 위해 좋은 책 만들기에 힘쓰고 있습니다.

ISBN : 978-89-7419-276-1 03230
파본 및 잘못된 책은 바꾸어 드립니다.